허브와 함께하는 즐거운 시간

Do It Yourself

허브와
함께하는
즐거운 시간

Living With Herb

Living With Herb

허브와
함께하는
즐거운 시간
Living with Herb

DIY SERIES | 02

허브와 함께하는 즐거운 시간
Living with Herb

초판 인쇄일 _ 2007년 11월 30일
초판 발행일 _ 2007년 11월 30일
글쓴이 _ 심서임
발행인 _ 박정모
발행처 _ 도서출판 혜지원
주소 _ (130-844) 서울시 동대문구 장안 1동 420-3호
전화 _ 02)2212-1227, 2213-1227
팩스 _ 02)2247-1227
홈페이지 _ www.hyejiwon.co.kr
ISBN _ 978-89-8379-533-5
정가 _ 8,500원

본문디자인 _ 황이순
표지디자인 _ 황이순
영업마케팅 _ 김승현, 김남권, 서지영, 고광수

잘못 만들어진 책은 구입한 서점에서 교환해 드립니다.

허브와 함께하는 즐거운 시간

Living with Herb

심 서 임

혜지원

허브와의 운명적인 만남

처음 허브를 알게 된 것은 약 10년 전의 일이다. 그해 겨울, 나는 일본으로 훌쩍 혼자만의 여행을 떠났다.

우에키이치(植木市)에서는 여느 해처럼 조경, 분재, 흙 및 정원용품 등을 전시하고 있었고 원예 전공이었던 나는 천천히 둘러보기로 하였다. 갑자기 재잘거리는 소리들이 들려와서 돌아보니 유치원의 어린이들이 야외수업을 하고 있었다. "여러분 이게 뭐죠?" "로즈마리요!" 나는 순간 멍해졌다. '로즈마리? 그게 뭐지?' 가게 사장님의 친절한 설명 덕분에 그것이 허브의 종류라는 것을 알게 되었고, 그것이 나와 허브의 첫 만남이었다.

우에키이치(植木市)를 떠난 다음에 나는 기노쿠니야(紀伊國屋) 서점으로 곧장 달려가서 허브에 대한 책들을 뒤져보았다. 허브의 품종, 재배, 응용, 장식, 요리법 등 책의 종류는 그야말로 너무나 다양했다. 허브와 관련된 책을 양팔 가득 안고 나오니 흥분된 마음이 점차 가라앉기 시작했다. 여행은 막바지에 다다랐지만, 허브와의 향기로운 여행은 그때부터 시작되었다.

처음 느낀 허브의 즐거움

나는 수업과 업무 시간 외에 모든 시간을 전화번호부처럼 두꺼운 허브 서적과 씨름하면서 보냈다. 당시 우리나라에는 허브 화분이나 분재를 쉽게 구할 수 없었기 때문에 모르는 것이 있어도 누구한테 물어볼 수도 없었다.

유기농 허브를 재배하는 개인 농장이 하나 둘 생겨나면서 드디어 직접 허브를 만날 수 있었다. 나는 평지에서 허브를 재배하며 각종 허브의 성장 특징과 재배 환경, 그리고 어떻게 하면 신선한 재료로 사용할 수 있는지 등에 대해 관찰하였다. 그리고 허브 재배가 점차 익숙해지면서 허브로 이것저것 만들기도 하였다. 허브를 이용한 차, 볶은 소금, 볶은 설탕 등을 만들고, 목욕 시에 사용하거나 캐러멜, 푸딩 등을 만들 때 조금씩 넣어보며 허브 활용의 기법을 익혀나갔다. 그러다보니 조리할 때 온도는 어떻게 조절할지, 달고 짠 정도는 어떻게 배합해야 하는지, 양은 얼마만큼 넣어야 하는지, 그리고 사람들의 입맛에 맞추려면 어떻게 해야 하는지 등에 대한 노하우가 하나 둘 쌓이기 시작하였다. 새로운 응용 아이디어가 떠오르면 성공할 때까지 몇 번이고 시도하였다.

허브와의 생활 체험

　허브 정원을 갖고 있다면 진정한 허브의 매력을 느낄 수 있을 것이다. 조용히 허브와 마주
앉아 허브를 이해하고 공감하는 것이 진정한 행복 아니겠는가? 각박한 생활 속에서 누구나
한 번쯤 퇴직 후에 전원으로 돌아가서 땅을 일구며 한가롭게 살고 싶다는 꿈을 꾼다. 하지
만 퇴직은 너무도 먼 얘기이다. 그저 허브 향을 맡으며 녹음을 바라보기만 해도 스트레스가
풀리고 마음도 가라앉을 것이다. 나는 허브의 은밀한 베일을 걷어내어 모든 사람들과 허브
의 아름다움을 함께 즐기고 싶었다. 생활 속에서 눈과 코와 입으로 허브를 즐길 수 있다면
얼마나 즐거울까?

평생 허브와 함께 살고파

　이 책에 수록된 나의 수년간의 허브 경험을 여러분과 함께 나눌 수 있기를
희망한다. 약간의 공간과 햇볕만 있다면 마음속의 작은 정원을 만들어볼 수
있다. 작은 허브 하나는 스트레스를 덜어주고, 생활 속의 잔잔한 행복감을
줄 수 있다. 원한다면 매일 허브와 '자연요법'을 시도해볼 수 있고, 정원이나
주방 등에서 활용해볼 수도 있다.
　책이 완성된 지금은 마음속에 이런 바람이 있다. 우리 모두 정원에서 파티
를 열고 서로의 경험을 얘기하면서 '허브 이야기'로 끊임없이 수다를 떠는
것이다. 바람마저 산들산들 불어온다면 참 행복할 것이다.

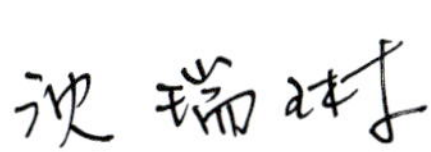

Contents

Part 01

나의 허브 정원

자연과 함께하는 삶은 사실 어렵지 않다. 약간의 허브를 가지고 자신만의 공간에 심기만 하면 누구나 미니 허브 정원을 가지게 되는 것이다. 만약 허브의 매력에 흠뻑 빠져서 좀 더 허브 정원에 욕심을 내고 싶다면 다음 장의 정원 만들기 내용을 참고하여 직접 시도해 보자.

나의 허브 정원 일지

집안에 허브 정원을 만든다는 계획은 막막하기만 하다. 어떻게 무(無)에서 유(有)를 창조할 것인가? DIY의 즐거움은 바로 여기에 있다. 마음속에 꿈꿔왔던 정원을 밖으로 꺼내어 한발 한발 나아가자!

01 | 아이디어 단계

집 뒤뜰에 정리되지 않은 마당이 있어서 그냥 두기가 참 아까웠다. 허브 정원을 만들기로 결정한 후 가장 먼저 공간 사이즈를 측정하고 또 어떤 스타일로 꾸밀 것인지에 대해 대강 생각해보았다. 물론 심는 식물에 따라 달라지겠지만, 공간을 어떻게 나누어 꾸밀 것인가 생각해보니 초보적인 수준의 초안이 나왔다.

허브를 고를 때 주의점

허브는 관상식물인 동시에 여러해살이풀인 경우가 대부분이다. 키가 크거나 중간 정도의 허브는 찾기가 쉽지 않아 예쁘게 배치하기가 쉽지 않다. 그리고 병충해 관리라든지, 유기농 재배라든지 등의 부분을 생각하면 일반 관상식물을 키울 때보다 더 많은 주의를 기울여야 한다.

Idea Point

02 | 기초 구상

구상이 완료되었으면 그 다음에는 좀 더 구체적으로 계획을 세워야 한다. 정원의 주제, 식물의 종류 선택, 사이즈, 재료 등을 고려하여 청사진을 그려보는 것이다. 목수나 미장 전문가 등과 약속을 하고, 직접 현장을 살펴보며 세부 내용을 의논해보니 원하는 디자인이 나올 수 있는지, 어떤 결과가 나올 것인지 어느 정도 윤곽이 잡혔다. 시공 진척도와 순서 등에 대해 대략적인 계획을 세웠고, 견적도 대략 나왔다.

이때 두 가지 문제를 상의해서 해결해야만 했는데, 그중 하나는 바로 써던 옐로우 파인(Southern Yellow Pine)으로 울타리를 만드는 것이었다. 원래는 나무를 태워서 나무 무늬와 색상을 살린 다음 녹슨 철을 덧대고, 딱딱한 소재의 시멘트와 무른 소재의 나무를 완전히 결합하여 울타리를 만들 예정이었다. 하지만 일반적으로 써던 옐로우 파인은 모두 CCA 방부처리를 거쳤기 때문에 고온으로 태우면 유해가스가 발생할 수도 있었다. 또 다른 문제는 벽의 길이가 충분하지 않은데 어떻게 하면 아름다운 비율을 찾을 수 있는가였다. 마치 산을 깎아 벽을 만든 듯한 자연스러운 곡선의 벽은 정원의 성공여부와 밀접한 관계가 있었다.

전문가들과 여러 차례 논의한 끝에 "문제없다!"라는 결론이 나오자 복잡했던 마음이 일순간에 풀어지는 것 같았다.

정원 기획 초안

전문가들의 도움을 받아 구체적인 디자인 단계에 착수했다. 하지만 옆집의 공사로 인한 소음으로 정신 집중을 할 수가 없었고, 할 수 없이 화구를 집어 들고 카페로 가서 작업을 하게 되었다. 하루 종일 카페에 앉아 정원의 현재 모습, 평면배치도, 입체 개략도, 식물 배치도, 조명 배치 등의 상세 도면을 그려냈다.

각 구역의 상세 도면에 따라 각각의 작업이 시작되었다. 또한 효율적인 시간 배분을 위해 일부 특수 재료를 찾아 나서야 했다. 바닥재를 어떻게 깔 것인가에 대해서는 아직 영감이 떠오르지 않았다. 허브를 심어야 하기 때문에 흙 위에 다시 잔디를 깔 수가 없었고(차후 관리의 문제를 생각해도 마찬가지다), 맥문동으로 다 덮기에는 재미가 없었다. 이리 저리 생각하다가 흙 위에 보도를 사용하여 벽면에 사용한 재료(돌+나무)와 일치시키는 방법이 좋을 것 같았다. 그래서 자연적인 디딤돌과 침목 등으로 보도를 만들기로 했다.

　항상 꿈꿔왔던 정원을 만들기 위해 재료의 선택은 매우 중요한 부분이다. 이날은 전문가와 함께 각종 기이한 형태의 나무, 침목 등을 파는 목재시장에 갔다. 이러한 재료들은 배치할 위치 등을 잘 설정하면 정말 멋진 아이템이 된다. 여기저기 뒤진 끝에 나는 세월의 풍파를 거친 듯한 침목을 발견했다. 그곳 사장은 처음에 팔지 않으려고 했지만 이런 저런 이야기를 하다 보니 서로 통하는 부분이 있어서 결국엔 사이즈, 수량 등을 체크하여 배달 약속 시간을 정하게 되었다. 돈이 있다고 해서 원하는 물건을 다 구할 수 있는 것은 아니다. 특히 세상에 하나 뿐인 천연재료를 구할 때에는 인연을 통해 구하는 경우도 많이 있다.

　그런 다음에는 다시 석재 시장에 보물을 구하러 다니기 시작했다. 평소에도 일 관계로 이곳을 찾아 재료를 고르기 때문에 일반 재료에 비해 낯설지가 않았지만, 완벽한 허브 정원을 꾸미고 싶은 욕심에 수많은 석재 중에서 원하는 것을 찾기란 쉽지 않았다. 운이 좋았는지 인공적으로 다듬어 놓은 현무암 디딤돌을 찾을 수 있었다. 이밖에 옅은 분홍색을 띤 둥글납작한 돌멩이와 목화석 등 3종류를 선택하였다.

Idea Point

정원 바닥의 마무리와 화초 위에 덮을 재료는 계절에 따라 꽃을 피우는 허브의 색상을 보완해 줄 수 있어야 한다. 분홍색이나 대추 색을 띤 작은 돌멩이들을 그 위에 깔면 다양한 색상이 연출되어 정원이 더욱 생동감 있게 보인다.

Day | 01

　시공 첫째 날, 미장 전문가가 현장의 땅을 고르고, 잡초를 뽑고, 흙을 뒤집는 등의 작업을 하고 조형 벽을 세우기 위한 기초 작업을 하였다. 잡초로 푸르렀던 뒤뜰은 순식간에 횡댕그렁해졌다.

Day | 02

　벽돌, 모래, 시멘트 등의 재료로 벽을 만들고 벽돌을 차곡차곡 쌓았다. 도중에 문짝의 실제 위치와 창문의 높이가 맞지 않는다거나, 여기저기 흩어놓은 벽의 구멍 위치와 사이즈를 일일이 확인해야하는 등 예상치 못한 일들이 있었다. 이러한 작은 부분들은 설계도에 표시되었다 하더라도 실제 작업 도중 체크가 필요하다. 또한 설계도에 그려 넣은 위치가 실제로도 보기 좋은지에 대해서도 점검해야 한다.

　벽면의 곡면을 수정할 때, 또 다른 문제가 생겼다. 벽면의 폭이 충분하지 않아서 자연스러우면서도 유려한 곡선을 표현하기가 쉽지 않았다. 하지만 벽돌을 쪼개고, 깎고, 부수고, 시멘트를 바르는 등의 노력 끝에 원하는 스타일을 만들 수 있었다. 마음속에 생각했던 모습이 현실로 나타나는 그 뿌듯함은 이루 말로 표현할 수가 없었다. 나의 꿈을 현실로 만들어준 뛰어난 솜씨의 미장 전문가들에게 진심으로 감사했다.

 이제 목수가 현장에 투입되어 벽면에 나무 울타리를 설치하고 미장 전문가들은 벽면 벽돌 틈에 흙을 채워 넣는 작업을 하였다. 시공 전에 울타리를 설치하는 방향, 나무판의 간격 등에 대해 의논을 했는데 청소 등의 사후관리 및 미관 등의 문제를 고려하여 0.8cm의 간격으로 결정하였다. 조형 벽의 물결 무늬와 자연스럽게 연결되도록 절단된 썬던 옐로우 파인 나무는 건류(乾溜) 처리를 거쳐 훌륭한 나무 울타리가 될 것이다. 미장 전문가들이 테두리 작업을 완성하니 물결 모양의 선이 더욱 뚜렷하게 드러났다.

평면의 붉은 벽돌 벽면은 다소 단조로워 보인다. 그러므로 벽면 공사를 할 때 화분을 박아 넣으면 이후에 그 위에 화초를 심어 더욱 생동감 있는 연출이 가능하다.

Point

 나무 울타리에 건류 처리를 해야 하는데 태풍 때문에 비가 내리기 시작하였다. 물방울이 건류 작업에 영향을 줄까봐 서서히 되어 작업은 잠시 미루기로 했다. 본격적으로 진행하기 전에 먼저 폐자재에다가 테스트를 해보았더니 건류 작업 후에 나무 고유의 무늬가 분명하게 나타나 아주 예뻤다. 에어컨 실외기를 숨기는 작업도 이날 완성되었다.

 전날에 문짝을 만들기는 했지만 사이즈가 맞지 않아 수정해야 했고, 이로 인해 오늘에야 문짝을 달 수 있었다. 완성된 모습을 보니 마치 동화 속에 나오는 것처럼 정말 예뻤다. 그런데 벽의 창문에 문제가 발생했다. 설계 사이즈가 너무 작아서 너비가 대략 40cm 정도 밖에 되지 않았다. 결국 벽면에 시멘트를 바르고, 깎아내는 등의 작업을 반복하여 비슷하게 다시 만들어 내었다. 이때 목수 아저씨가 아이디어를 하나 냈다. "창문을 빗장 스타일로 만들면 어떨까?" 옛날 빗장의 원리를 활용한 스타일로 창문을 만들었더니 그야말로 클래식한 스타일이 연출되었다.

땅을 고르고, 비료를 주고 나니 비가 내리기 시작했다. 비가 그치기를 계속 기다렸으나, 그칠 비가 아닌 것 같아 작업을 중지할 수밖에 없었다. 이날은 물을 줄 때 사용하는 호스를 정리할 만한 바퀴 휠을 찾아내어 긴 호스를 보기 좋게 정리하였다.

바닥의 동선 배치 작업을 진행하였다. 비록 사이즈 등은 원래 설계 도면에 모두 표시되어 있지만, 현장에서 배치할 때 조금씩 조절하였다. 구불구불한 길을 걷는 즐거움과 동선의 편안함을 모두 감안하여 침목을 주요 동선으로 잡고, 현무암 디딤돌을 보조 동선으로 설정하여 그다지 크지 않은 공간에 보도의 길이가 느껴질 수 있도록 하였다. 중간 중간에는 서로 다른 질감의 소재를 섞어 정원의 표정을 풍부하게 만들었다. 보도를 설치한 다음, 수차례 왔다갔다 해보니 기분이 아주 좋아졌다. 그런 다음에는 조명 도구를 놓을 위치와 높이 등을 확인하여 전선을 설치하였다.

허브의 생장 형태, 식물 높이, 색깔, 요리에 필요한 양 등을 고려하여 1차로 허브 식물을 구입하여 곳곳에 심었다. 그리고 병충해 관리의 어려움이 없는 맥문동과 연분홍 돌멩이, 목화석 등의 부자재를 깔았다. 식물들을 심고 보니 그 숫자가 약간 부족한 것 같아 다시 보충하기로 결정하였다.

정원에 한련화, 맥문동 등을 추가하였다. 원래 팬지를 심으려고 했으나 계절이 맞지 않아 이것들을 심게 되었다. 비록 색상이 다소 단조롭지만 그래도 일부 공간을 남겨두었으니, 새로운 품종이 나오면 다시 추가해서 심을 수 있을 것이다. 옥상에서 정원을 내려다보니 구석구석에 이미 충분한 허브가 심어져 있었다. 비록 키가 좀 작기는 하지만, 이후에 풀들이 무성해지면 정원은 더욱 아름다워질 것이다.

잎이 바닥에 닿으면 잘 썩는 허브 품종 아래에는 먼저 분홍색 돌멩이를 깔아주고, 옆에는 닭 모양의 도자기 조명 도구를 두어 흙의 습도를 조절하게 하였다. 마찬가지로 나중에 식물을 심을 자리를 제외하고는 둥근 돌들을 깔아 장식하였다. 바비큐 그릴을 놓을 자리 옆은 아무래도 자주 서있게 되기 때문에 연분홍 목화석을 많이 깔아 놓았다. 이밖에 민트는 땅바닥으로 뻗는 생장 특징이 있으므로 미리 자리를 확보해두고 남은 공간에는 역시 연분홍 목화석으로 채웠다.

이렇게 하여 마침내 내가 꿈꾸던 동화 같은 정원이 완성되었다. 비록 허리, 다리 할 것 없이 온 몸이 쑤시지만 그래도 마음은 뿌듯하고 흐뭇할 뿐이다.

아침 일찍 일어나 주방에 앉아 정원을 바라보았다. 아름다운 정원을 보니 며칠 간의 고생이 보람있게 느껴졌다. 그런데 자꾸 봐도 뭔가 하나 재미있는 포인트가 빠진 것 같았다. 그래서 바비큐 그릴을 아로마 냄비로 만들고, 그 위에다 특제 아로마 향초 그릇을 걸어두었다. 또한 3시간 동안 나뭇가지로 의자 화분을 만들고, 물 조리개, 공구 걸이 등의 다른 작은 소품들도 비치하였다. 어렵게 찾아낸 클래식한 스타일의 수도꼭지 등도 설치하고 나니 정원이 좀 더 재미있어졌다.

01 현재의 문제 해결

　뒤뜰에는 폭이 약 40cm 정도 되는 배수구가 있어서 공간을 크고 작은 두 구역으로 나누고 있었다. 또한 앞 동과의 거리가 너무 좁아 프라이버시를 지킬 수 없었다. 그래서 동화 속에 나오는 것과 같은 조형 벽면을 설치하기로 하였고, 문과 미니 창문 등을 설치하여 바깥과의 통로를 마련하고자 하였다. 벽면에 작은 구멍들을 뚫어 놓으니 벽으로 인한 답답함이 다소 줄어들었다. 자연스러운 물결 모양의 장식 외에 나무 울타리와 시멘트 벽면의 시각적 효과를 도모하였고, 양쪽에는 1m 정도의 거리를 두어 정원이 좀 더 넓어 보이는 착시 효과를 노리기도 하였다.

　아름다운 정원을 이웃과 함께 감상하기 위해 벽의 뒤쪽도 마찬가지로 예쁘게 꾸몄다. 정원이 완성된 이후 나는 밤에 조명을 켜두었는데, 창가에서 웃는 얼굴로 이쪽을 바라보는 이웃을 보게 되었다. 역시 그들도 나의 정원을 즐기고 있다는 것을 알게 되었다.

Point

> 벽면 뒤에는 레몬그라스, 감자 잎, 귤나무, 쑥 등의 비교적 잘 자라는 허브들을 심었다. 이들은 관리가 쉬울 뿐만 아니라, 멋진 풍경을 만들어낸다.

02 식물과 바닥재의 어울림

　정원 식물과 바닥재의 어울림 측면에서, 오래된 침목은 벽의 나무 울타리와도 잘 어울린다. 현무암으로 만든 디딤돌은 물결 모양의 벽면과 어울린다. 구불구불한 보도는 작은 정원을 넓어보이게 하는 착시 효과가 있다.

Point

> 침목을 빽빽하게 놓은 것도 역시 목적이 있다. 작은 공간에서 파티 등의 모임이 있을 때, 그 위에 테이블이나 의자를 놓을 수 있으니, 의자에 앉아서도 허브와 가까이 있는 것이 가능하다!

03 환상적인 향기 보도

　정원에 들어서면 허브 세상이 펼쳐진다. 허브를 심을 때 민트, 라벤더, 로즈마리 등 만지면 향을 발산하는 허브를 보도 옆에 심으면 걸어가면서 만져보고, 향도 맡을 수 있다.

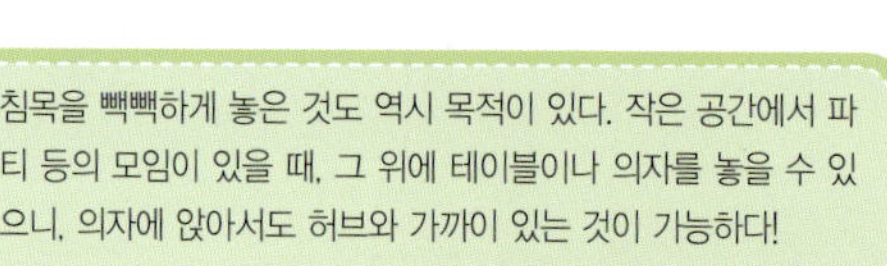

> 허브를 침목 가까이에 심어서 밟을까 노심초사하지 말자. 걸으면서 허브와 발이 자연스럽게 스치면 허브 향을 한껏 즐길 수 있다.

Point

허브는 햇빛과 공기가 잘 통해야 건강하게 자라므로 빽빽하게 심으면 안된다. 그러나 맨땅이 드러나 보이는 정원은 옥에 티일 것이다. 만약, 문제를 해결하기 위해 잔디를 심으면 잔디가 허브의 영양분을 빼앗을 수 있으므로 빈 공간은 잔디 대신 크고 작은 난석이나 둥글납작한 돌멩이 등으로 장식한다. 또한 병충해에 강하고, 특별한 관리가 필요 없으며 음지에 강한 맥문동을 심는 것도 좋다.

정원에는 단계별 재미가 표현되어야 한다. 여기서 돌멩이는 식물과 흙을 분리하는 중요한 역할을 한다. 타임, 제라늄, 세이지 등의 잎이 아래쪽에 달린 허브들은 습기가 많으면 썩어버리기 때문에 흙과 직접 맞닿지 않도록 돌멩이를 꼭 깔도록 한다. 정원의 미관, 기능성, 사후 관리 등은 모두 설계 단계에서부터 소홀할 수 없는 중요한 포인트들이다.

1. 디딤돌, 침목 옆과 흙이 얕은 곳에는 삼각형 간격으로 맥문동을 심는다. 나중에 자랐을 때를 감안하여 공간을 미리 비워두도록 한다.
2. 잎이 바닥 쪽에 붙어 있어 쉽게 썩는 허브의 경우에는 작은 돌을 잎사귀 밑에 깔아 흙이 머금고 있는 습기가 직접 허브에 접촉하지 않도록 한다.

정원에 위치한 냉방 장치, 수도꼭지 등은 옮기기가 매우 어렵지만, 간단한 방법으로 이들을 가릴 수 있다. 배수구의 경우에도 이를 막아버릴 수는 없기 때문에 그 위에다가 아이보리색의 광택 자갈 등을 덮어 예쁘게 꾸미도록 하자. 광택 자갈은 약간 비싼 편이지만, 배수구는 더러워지기 쉽기 때문에 난석 등을 사용하면 금방 오염물이 흡착되어 보기에 좋지 않다. 벽 쪽에 있는 수도꼭지와 호스 등은 침목 등으로 가려도 된다. 하지만 빨간 색의 호스가 눈에 띄지 않기란 정말 어렵다. 차라리 아이디어를 내어 바퀴 휠 등에 감아서 정리하는 것이 낫다.

1. 배수구는 사실 예쁘게 꾸미기가 어려우므로 아예 지압 보도처럼 광택 자갈을 깔아놓았다. 이렇게 하면 청소도 편리하고 배수구의 시멘트 부분을 가릴 수 있다.
2. 벽에 있는 수도꼭지, 모터, 가스통 등은 나무로 된 박스를 만들어 모두 바깥으로 돌아다니지 않게 수납한다. 그 위에는 물건을 두기에도 편리하다.
3. 호스는 정리하기가 매우 어렵다. 사이즈가 적당한 금속 휠에다가 흙색, 목재 색깔과 유사한 진한 금색의 스프레이를 뿌린 다음, 벽에 고정하여 호스를 정리하도록 한다. 공간을 절약하면서도 미관을 해치지 않는다.

06 창의적인 연출

정원에 재미를 더하기 위해 여러 가지 소품 등을 활용할 수 있다. 화원에서 적잖은 나뭇 가지들을 얻어왔는데, 이것들을 묶고, 자르고, 톱으로 켜서 화초를 심을 수 있는 귀여운 의자로 만들었다. 여기에는 냄비와 냄비 걸이도 있다. 평상시에 책을 읽거나 화초를 다듬을 때 냄비에 허브를 넣어 끓이면 모기를 쫓을 수도 있고 잔잔한 향이 정원에 가득 퍼지게 된다. 얼마나 실용적인 아이디어인가!

Point

1. 창의적인 조합의 로빈슨 표류기 스타일의 냄비 걸이
2. 특별히 제작한 양초 화분걸이는 공중에서 우아함을 뽐낸다.
3. 3시간을 걸려 완성한 나뭇가지 의자 화분

07 일거양득의 조명 배치

정원의 밤은 조명의 역할이 매우 크다. 투박한 닭 모양 도자기 조명 기기 외에도 작은 집 모양의 등잔, 침목 옆에 위치한 구멍이 여러 개인 조명 등이 해가 서쪽으로 떨어지자마자 빛을 발하면서 정원의 밤을 환상적으로 연출한다.

Point

1. 밤이 되어 조명에 불이 켜지면 정원은 로맨틱하고 꿈결 같은 분위기로 가득하게 된다.
2. 각종 모양의 도자기 등에 조명 기구를 설치하면, 낮에는 장식의 효과가 있고, 밤에는 스타일리쉬한 전등갓의 역할을 하게 된다.

창가의 허브 화분

비록 큰 정원은 아니지만, 화분에서도 허브를 키우는 즐거움을 누릴 수 있다. 창가에 적어도 3시간 이상 햇빛이 비친다면 허브 화분으로 창가의 공간을 조화롭게 연출할 수 있다. 주방 요리 및 인테리어 소품 등으로 활용해도 전혀 손색이 없다.

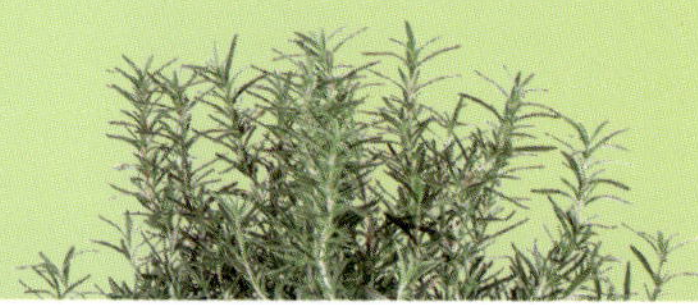

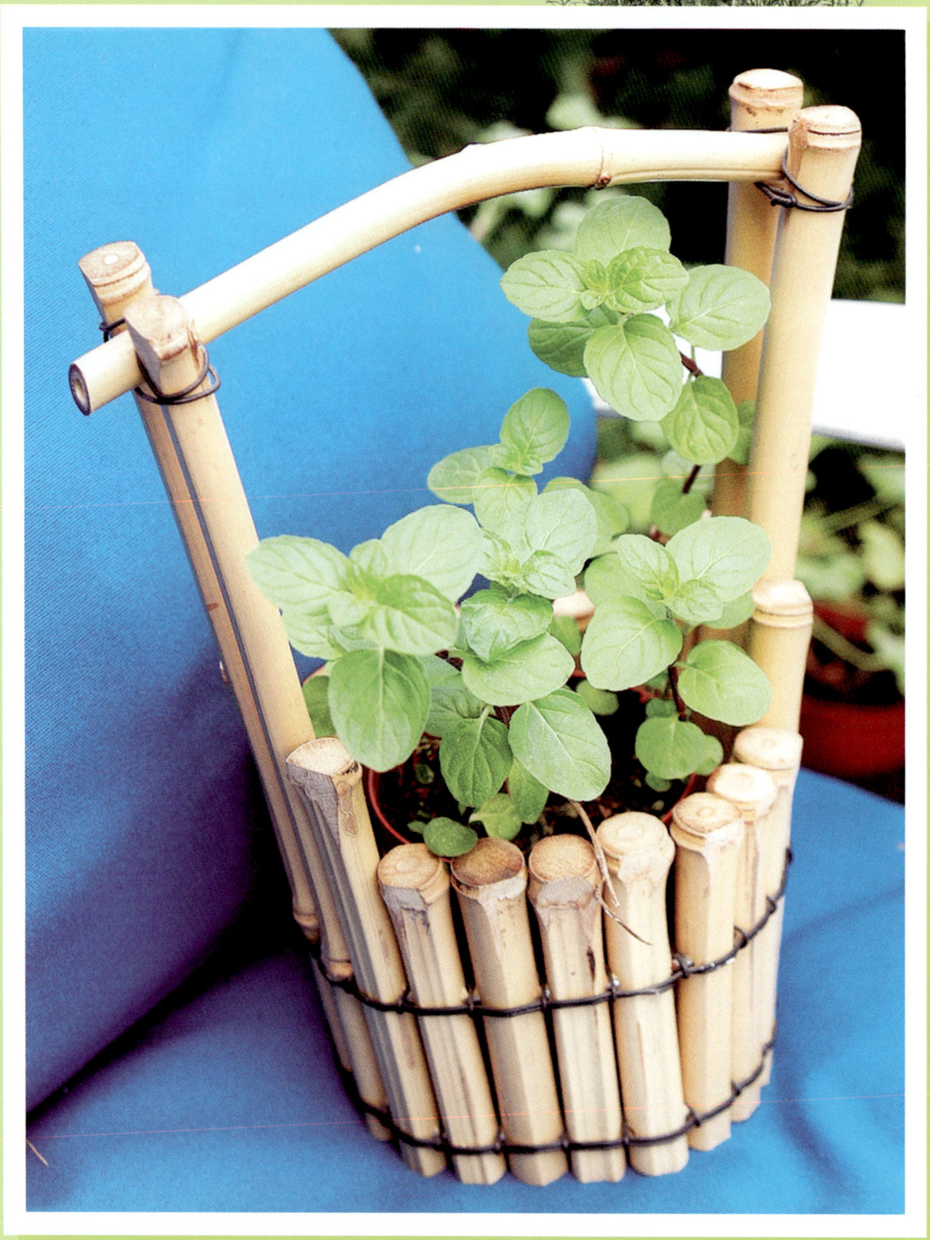

간단하고 예쁜 민트 벽걸이 화분

아래로 늘어진 형태의 민트는 벽에 걸든, 긴 화분에 심든 모두 잘 어울린다. 만약 색상이 단조로운 것이 싫다면 화분에 그림을 그린다든지, 혹은 다양한 틀을 사용해서 민트 화분을 돋보이게 할 수 있다.

하트 모양 로즈마리

평범한 로즈마리가 아이디어 하나로 로맨틱하게 변신한다.
향기가 나는 하트 모양 로즈마리 화분을 직접 만들어서 사랑하는 사람에게 선물해보자.

재료 3인치 화분의 로즈마리, 알루미늄 케이블, 가는 구리선, 나무 화분, 펜치

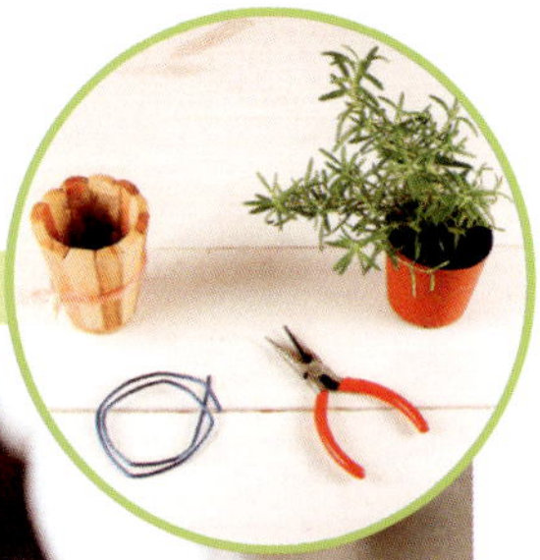

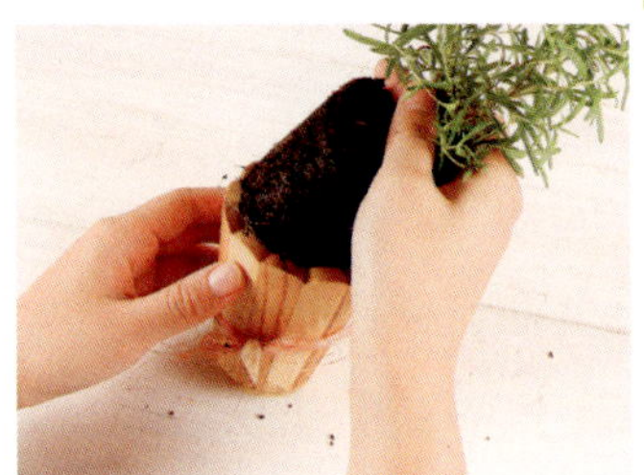

01 먼저 로즈마리를 나무 화분에 옮겨 심는다.

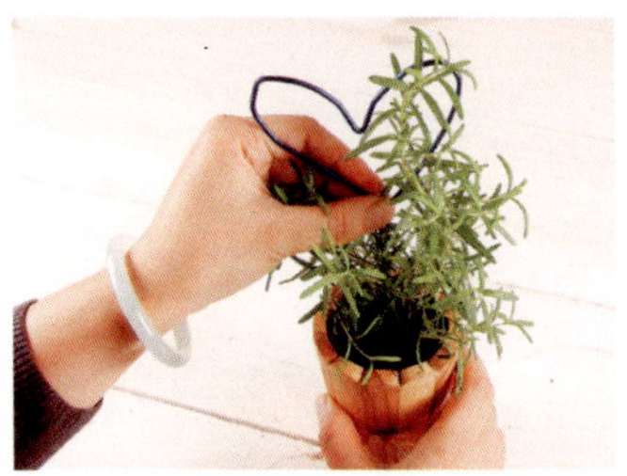

02 알루미늄 케이블을 하트 모양으로 만든 다음 화분에 꽂는다.

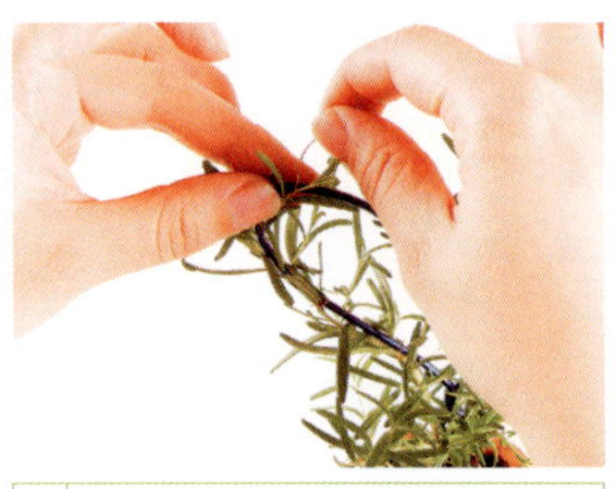

03 로즈마리 가지를 가는 구리선을 이용하여 하트 모양 케이블에 고정한다.

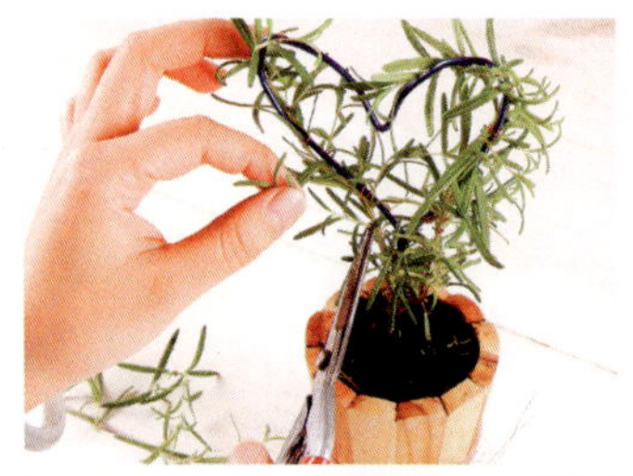

04 가지 중에서 남은 부분을 하트 모양으로 정리한 다음, 나중에 로즈마리가 자라게 되면 정기적으로 잘라주면 된다.

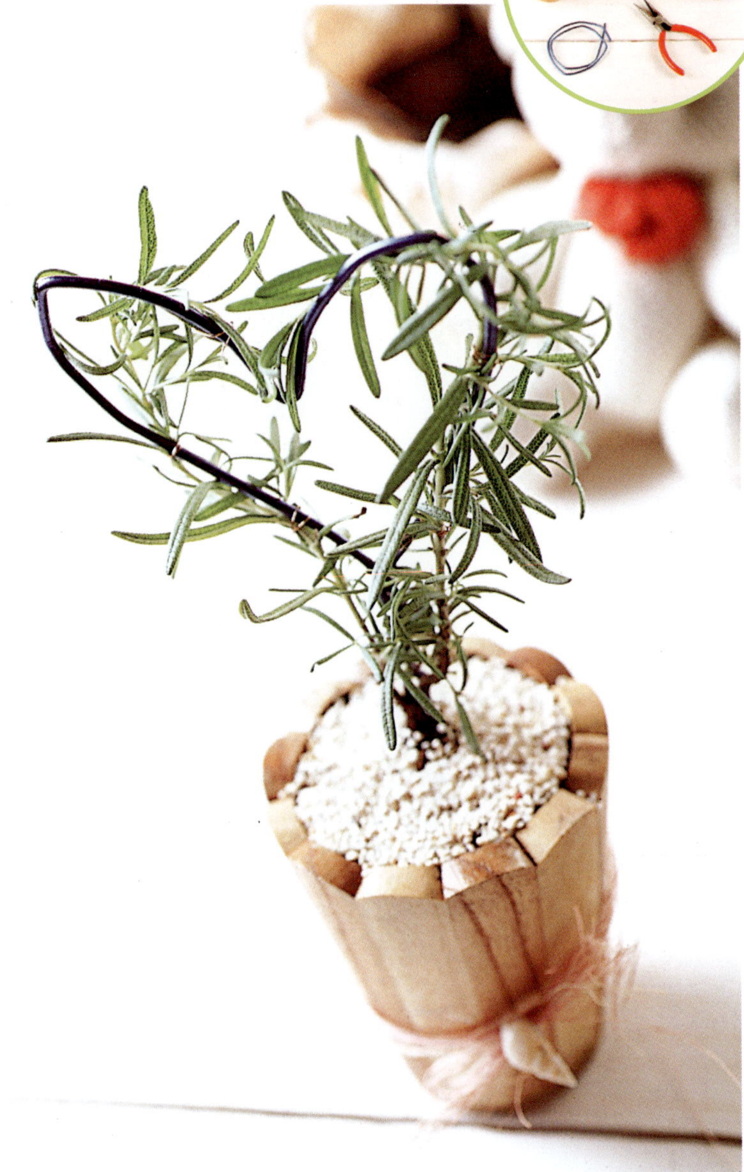

허브 모아 심기

소박한 나무 화분에 서너 종류의 허브를 함께 심으면 실용적이면서도 재미있는 화분이 된다.

재료 프렌치 라벤더, 애플 민트, 석무조, 산호석, 흙, 뉴기능 비료, 부직포, 나무 화분

01 화분의 구멍에 부직포를 깔고 다시 배양토를 넣는다. 키가 가장 큰 라벤더를 먼저 심도록 한다(반드시 화분 중간에 심어야 하는 것은 아니며, 자연스럽게 배치한다).

02 그 다음에는 아래로 늘어지는 애플 민트(화분 가장자리 부분에 심는다)와 바닥에 붙는 스타일의 석무초를 심도록 한다.

03 서로 다른 스타일의 허브를 모아 심고 화분 위에는 산호석을 깔아 허브의 색상이 돋보일 수 있도록 한다. 허브는 녹색 식물로 꽃이 잘 피지 않는데, 이 산호석을 통해 장식 효과를 낼 수 있다.

실용적인 허브 세트

만약 집에 여러 개의 화분을 둘만한 여유 공간이 없다면 여러 종류의 허브를 한데 모아 기르는 '모아 심기'를 추천한다!

향료와 입욕제로 최고

허브 조합 타임, 로즈마리, 라벤더, 세이지

허브를 유럽이나 미주 지역의 것이라고 여겨 한국 요리에는 어울리지 않는다는 편견을 버리자. 허브의 독특한 향기와 맛은 고기 냄새와 비린내 등을 없애 주고 스타일을 더해 준다. 소스 등에도 넣으면 산뜻한 맛을 낼 수 있다. 허브의 신선한 잎과 가지를 넣어 목욕을 하면 행복한 향기를 흠뻑 느낄 수 있고 티트리(Tea tree)로 족욕을 하면 무좀을 완화할 수 있다.

여성에게 좋은 허브차

세이지는 생리 불순 혹은 갱년기에 도움이 된다. 라벤더의 맑은 향기는 긴장을 완화시켜 준다. 잎을 몇 장 따서 뜨거운 차로 만들어 천천히 마시면 맛도 훌륭할 뿐더러 몸도 따뜻해진다. 한약과는 다르지만 그와 유사한 효과를 얻을 수 있다.

허브 조합 프루트 세이지, 스피어민트, 라벤더, 스테비아

차나 가벼운 간식에 적당

허브 조합 로즈 제라늄, 스피어민트, 라벤더, Bergarrten 세이지

로즈 제라늄과 민트는 차로 마시기에 적당할 뿐만 아니라 간식에도 잘 어울린다. 햇빛이 잘 들어오는 창가에 앉아 마음을 가라앉히고, 머리를 맑게 하는 허브차를 마시고 나면 다시 힘을 내서 일할 수 있을 것이다.

허브 목욕은 감기에 특효

레몬 타임, 마조람은 각종 요리와 케이크, 차 등과 잘 어울린다. 유럽에서는 어린이가 감기로 열이 날 때 허브를 우린 물에 목욕을 시켜 감기를 치료하기도 한다. 몸이 찌뿌드드할 때에 사용해도 좋다.

허브 조합 레몬 타임, 스피어민트, 마조람, 스테비아

육류와 해산물에 딱

이 허브들은 비린내를 제거하고, 자연 향신료의 역할을 한다. 육류 및 해산물 요리의 맛을 더욱 북돋울 뿐만 아니라 요리의 보존 기간을 연장해주는 효과도 있다. 레몬 타임, 로즈마리, 라벤더를 올리브 오일에 넣어 두면 오일에 허브 향내가 배어 요리할 때 더욱 맛이 좋다.

허브 조합 레몬 타임, 로즈마리, 스위트 바질, Bergarrten 세이지

자연 처방이 최고

허브 조합 레몬그라스, 레몬 멜리사, 스테비아, 레몬 버베나, 스피어민트

이 허브들은 위장 운동을 촉진하고 잉여지방을 제거하며, 자연적인 단맛으로 열량 없이 입맛을 돋운다. 식사 후에 빠질 수 없는 차, 간식을 먹을 때에나 머리가 복잡할 때 이 허브들은 건강을 위한 최고의 선택이 될 것이다.

스트레스, 불면증에 효과

라벤더는 마음을 안정시키는 효능이 있으며, 로즈 제라늄은 스트레스를 완화시키는 효과가 있다. 하루의 긴장을 가볍게 풀고 싶다면 잠이 들기 전에 연한 향기가 나는 따뜻한 허브차 한 잔을 마시면 숙면에 도움이 될 것이다.

허브 조합 로즈 제라늄, 스위트 라벤더, 스피어민트, 스테비아

간단한 요리와 술안주

허브 조합 레몬 타임, 로즈마리, 자소엽, 청소엽, 스위트 라벤더

자소엽은 일반적으로 요리 양념으로 사용되며, 칵테일 제조에도 유용하게 사용된다. 만약 판매되는 과일 식초가 맛이 좀 부족하다 싶으면 신선한 허브를 넣어 맛을 풍부하게 할 수 있다. 그뿐만 아니라 스트레스 완화, 혈액 순환 촉진, 숙면유도, 소화 촉진 등 허브는 당신의 몸과 마음이 자연스럽게 치유되도록 도울 것이다.

Part 02

허브를 키워요

Living with Herb

허브에는 수많은 종류가 있다. 하지만 환경적인 이유로 평지에서 재배할 수 있는 품종은 상대적으로 적은 편이다. 자신만의 허브 주방을 만들어 요리를 할 때마다 집에 있는 허브를 활용하고 싶다면 어떤 조건이 구비되어야 할까? 어떻게 하면 간편하게 허브를 재배, 관리할 수 있을까? 또 요리에 사용하기 위해서는 어떤 품종을 선택하는 것이 바람직할까? 이번 장에서는 엄선된 16종류의 허브의 활용 방법 등을 설명하였다. 초보적인 지식을 차근차근 알아가며 천연 허브 생활을 누려보자!

허브 재배를 위한 실용사전

허브 품종은 다년간 개량되어 왔기 때문에 초보자라 할지라도 정확한 정원 상식을 가지고 계절에 맞는 품종을 선택하여 적합한 환경에서 돌본다면 누구나 허브 전문가가 될 수 있다. 우리 함께 허브 스타일리스트의 세계로 들어가보자!

01 자신에게 맞는 허브를 선택한다

허브의 품종은 자기 집의 재배 환경에 적합한 것으로 선택해야할 뿐만 아니라 사용목적도 고려해야 한다. 단순한 관상용인지, 아니면 실생활에서의 활용을 위해서인지 먼저 결정한 다음에 구매를 하도록 한다. 그렇지 않으면 수많은 종류의 허브 품종 중에서 무엇을 고를지 갈피를 잡지 못할 수도 있다.

허브를 구입할 때 주의해야 할 점

- 겉보기에 튼튼하고, 가지와 잎이 모두 건강한 것으로 고른다.
- 화분 아래로 뿌리가 나와 있다면 이는 잘 자라고 있음을 의미한다. 만약 줄기와 흙 부분이 분리된 것이 보이면 뿌리가 그다지 건강하지 않음을 의미하니 구입하지 않도록 한다.
- 잎의 뒷면 혹은 줄기에 병충해가 없어야 한다.
- 흙 표면에 원형 고체 화학 비료가 없는 것으로 고른다. 허브는 식용으로 사용될 수 있기 때문에 유기농 비료를 사용해야 한다.
- 허브 화분은 살충제나 병충해에 상할 수 있으니 일반 관상용 화분과 분리되어 있는 것으로 선택한다.

대부분의 허브는 햇빛을 좋아한다 02

허브를 키우기에 적절한 환경

- 창가에 통풍이 잘되는 직사광선 지역
- 건물 발코니 : 하루에 약 3시간 이상의 직사광선이 들어오는 곳
- 일반적인 정원 : 하루 종일 햇빛이 들어오거나, 반나절 정도 빛이 들어오는 곳(허브의 종류에 따라 필요한 일조량도 각기 다르다)
- 나무 아래쪽에 햇빛과 통풍이 잘 되는 곳에도 허브를 심을 수 있다.

대부분의 허브는 충분한 일조량을 필요로 하며, 근처의 연기 배출구나 에어컨 실외기 등 인공적인 고온 장치에 주의해야 한다.

03 겉흙이 마르면 물을 충분히 준다

겉흙이 건조해지면 물을 충분히 주는 것은 허브 물주기의 핵심이다. 물을 주는 위치에도 노하우가 필요한데, 예를 들어 제라늄, 레몬그라스, 세이지 등의 품종이나 개화 시기의 허브는 뿌리 부분에 물을 주는 것이 좋다. 잎이 크거나 무성한 경우에 위에서부터 물을 주면 물이 고이거나 잎이 손상되는 경우가 생긴다.

하지만 티트리, 민트, 로즈마리, 라벤더, 혹은 이미 탈수 상태의 허브에는 잎 부분이나 줄기 부분 등에 물을 분무하거나 위에서부터 물을 뿌려도 된다. 깨끗한 물로 잎사귀 위의 먼지를 닦아내어 숨구멍이 막히지 않도록 하면 병충해 치료의 효과도 있다.

04 토질을 개선하면 관리가 쉬워진다

토질 개선 작업을 잘 하기만 하면 사후 관리는 절반 이상 편해진다. 허브는 고온 다습한 환경을 가장 싫어한다. 그렇기 때문에 배수가 잘되고 알칼리에 가까운 중성 토질이 적합하다. 흙에 모래를 섞으면 배수, 통기성이 모두 좋아진다. 유기농 비료(동물 배설물 미포함)를 기본으로 하여 태운 겨 등으로 산성화된 흙을 조절하면 토질 개선 작업은 간단하게 마무리된다.

05 유기농 비료를 조금씩 자주 준다

정기적으로 조금씩 비료를 주는 것도 매우 중요하다. 순 유기농 비료는 콩깻묵, 뼛가루 등을 섞어 만든 것이기 때문에 허브 줄기를 피해 주변 부분의 흙 위에 덮어주거나, 흙 아래에 구멍을 파서 비료를 넣고 묻어주면 된다. 이렇게 하면 새들이 와서 비료를 먹어버리는 것을 피할 수도 있으며, 파리, 개미 등이 꼬이는 것을 방지할 수도 있다.

함께해요 민트 다듬고 비료 주기

01 길게 자란 민트 줄기를 자르고, 흙에서부터 나온 줄기 부분은 일부 남겨둔다.

02 유기농 비료를 준 다음에 흙으로 덮고, 다시 촉촉하게 물을 준다.

03 반그늘의 햇빛이 들어오고, 온도가 높지 않은 곳에 둔 다음에 '겉흙이 마르면 물을 듬뿍 주는' 원칙에 따라 관리한다. 계절에 따라 다르지만, 약 1주일이면 새로운 잎과 줄기가 나온다.

대부분의 허브 자체에 특유의 향기가 있어 벌레를 쫓는 효과가 있지만, 아무런 효력과 없는 것도 있다. 관상용이라면 꽃을 피우기 위해 화학비료나 농약 등을 사용할 수 있지만 허브는 식용 식물이기 때문에 병충해에도 절대 살충제 등을 뿌려서는 안 된다. 따라서 허브를 재배할 때에는 일반적인 화분과 같이 키워서는 안 된다.

만약 진딧물, 개미, 깍지진디 등이 나타나면 먼저 물로 씻어내고, 그래도 나아지지 않으면 다른 식물에게 전염되기 전에 해충이 있는 부분을 잘라 버리도록 한다. 결국 '조기 발견, 조기 퇴치'가 병충해 관리의 가장 중요한 수칙이다.

07 | 꺾꽂이 번식은 성공률이 높다

씨앗으로 번식하는 방법 외에 꺾꽂이 번식 역시 가장 자주 볼 수 있는 번식 방법이다. 일반적으로 기후가 알맞고 방법이 정확하기만 하다면 성공률은 매우 높은 편이다. 꺾꽂이 시에는 충분한 수분과 약간의 햇빛이 필요하며, 뿌리가 아직 자라지 않았을 때에는 비료를 주지 말아야 한다. 그 기간에 필요한 양분은 잘라낸 줄기와 잎에서 보충된다. 하지만 잎이 너무 많으면 수분 손실이 빠르기 때문에 잎을 반드시 솎아주어야 한다.

민트 꺾꽂이

01 목질화된 줄기와 끝부분의 연약한 줄기 사이의 튼실한 줄기(노화되었거나 너무 여린 줄기는 꺾꽂이 했을 때 살아남을 가능성이 낮음). 그리고 적어도 3개 이상의 싹이 있는 민트 줄기를 선택한다.
02 아랫부분의 잎사귀를 제거한다.
03 잎사귀가 너무 많거나 오래된 것이 있으면 솎아준다. 이는 수분 흡수 및 영양분 손실을 막기 위해서이다.
04 잎사귀는 그림과 같이 두 쌍 정도만 남긴다.
05 배양토를 준비하고, 흙 표면에 물을 뿌려준다.
06 아래쪽의 잎눈을 흙 속에 묻는다.
07 심은 다음에 물을 뿌려 촉촉하게 해준다.
08 통풍이 잘되고 서늘하며 약간의 빛이 드는 곳에 두어 흙 속의 수분을 유지할 수 있도록 한다. 위쪽에 잎이 커지거나 새로운 잎이 자라면 꺾꽂이가 성공했다는 것을 의미한다.

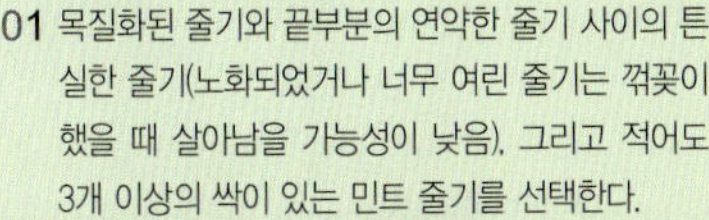

Mint

로즈마리 꺾꽂이

목질화된 줄기와 녹색 줄기가 만나는 부분

Rosemary

08 가위로 솎아내며 수확한다

허브를 다듬는 방법은 대부분 비슷하다. 일반적인 다듬기는 허브의 생장에 도움이 되지만, 강도가 센 다듬
기(원래 식물의 1/2 이상을 잘라버리는 것)는 허브의 생장에 위협이 될 수 있다. 허브와 허브 사이의 공간
을 유지하면서 빛, 공기 등이 잘 통하도록 하면 병충해의 피해를 줄일 수 있다. 정기적인 솎아내기도 필요
하다.

허브를 다듬을 때 사용하는 가위는 다른 식물의 전지가위와 별도로 사용해야 한다. 수확이나 병충해 퇴치
에 사용하는 가위는 별도로 사용하여 병충해 전염을 방지하도록 한다.

잎이나 줄기는 눈이 있는 부분 위를 잘라야 한다

01 라벤더, 로즈마리, 타임 같은 종류의 허브는 잎이 작기 때문에 일정 길이가 되면 가지를 잘라야 한다. 자를 때에는 눈이 있는 부분 위에서 잘라 그곳에서 다시 새 잎이 날 수 있도록 한다.

02 잎이 큰 허브, 예를 들어 세이지, Bergarrten 세이지, 자소엽, 스위트 바질, 제라늄 등은 아랫부분에 있는 잎을 따서 사용하면 된다. 만약 부족해서 윗부분의 줄기를 잘라야 한다면 마찬가지로 눈이 있는 부분 위에서 잘라 새 잎이 자랄 수 있도록 한다.

잘라낸 다음에 식용으로 사용할 허브는 깨끗이 씻어서 보관한다

다듬고 난 다음의 허브는 깨끗이 씻어서 바로 음식의 재료로 사용하거나 혹은 건조시켜 저장하도록 한다.

01 뿌리 부분에 물을 뿌려 준다

잘라낸 허브는 반드시 물에 담그거나 뿌리 부분에 물을 뿌려준다. 수분이 없어져서 마르면 향기가 옅어진다.

02 가볍게 두드려가며 깨끗하게 씻는다

대야에 물을 넣어 여러 번 가볍게 두드려가며 씻는다. 표면에 있던 먼지나 흙을 제거할 수 있다. 잎이 큰 편이라면 그 표면을 꼼꼼하게 씻도록 한다. 비비거나 물속에 오래 담그게 되면 향이 사라질 수 있다.

03 자연 바람에 건조시킨다

만약 신선하게 사용하고자 한다면 먼저 씻은 다음 채에 받혀 바람에 건조시킨다. 표면의 수분이 마른 다음에는 밀폐용기에 넣어 냉장고에 약 7~10일 정도 보관한다. 하지만 시간이 지날수록 향은 연해진다.

04 건조 보관한다

장기간 보관하고 싶다면 바람 건조 후에 허브를 오븐에 넣어 건조시킨다. 실온에서 식힌 다음에 밀폐용기에 넣었다가 사용하면 약 반년 정도 보관이 가능하다. (상세한 방법은 p.72를 참고)

엄선된 16종류 허브의 활용법

허브 종류는 갈수록 다양해지고 있다. 하지만 환경 조건에 따라 모든 허브를 다 키울 수 있는 것은 아니다.
여기서는 요리와 미용에 사용할 수 있을 뿐만 아니라 키우기도 쉬운 16종류의 허브를 엄선하였다. 가정에서
허브를 키울 때 이것들은 절대 빠트리지 말자!

허브 활용 순위표

허브는 각각의 종류마다 가장 적합하고, 그 특징이 가장 잘 드러나는 활용 방법이 있다.
아래에 정리한 허브 활용 Top 1~5를 참고하자.

- **어떤 요리든지 어울린다**   라벤더 _ 제라늄 _ 로즈마리 _ 타임 _ 레몬그라스
- **단순한 조미 효과를 낸다**   바질 _ 세이지 _ 민트 _ 스테비아 _ 레몬 멜리사 _ 오레가노 _ 청소엽 _ 레몬 버베나 _ 마조람
- **데코레이션 효과가 뛰어나다**   한련화 _ 티트리
- **맛을 돋보이게 한다**   파슬리 _ 차이브 _ 캐모마일

	TOP 1	TOP 2	TOP 3	TOP 4	TOP 5
샐러드, 생식	스테비아	스피어민트	청소엽, 자소엽	한련화	로즈 제라늄
차	레몬그라스	프루트 세이지	레몬 버베나	로즈 제라늄	레몬 멜리사
밀크티	스위트 라벤더	자이언트 라벤더	마조람	Bergarrten 세이지	로즈마리
볶음 요리용	클리핑 로즈마리	타임	레몬 타임	바질	차이브
케이크, 과자	스위트 라벤더	클리핑 로즈마리	스피어민트	로즈 제라늄	청소엽, 자소엽
절임용	로즈마리	레몬 타임	스위트 라벤더	클리핑 로즈마리	Bergarrten 세이지
소스(단맛)	스위트 라벤더	레몬그라스	로즈 제라늄	스위트 바질	레몬 바질
소스(짠맛)	스위트 바질	바질	로즈마리	레몬 바질	스위트 라벤더, 레몬그라스
고기 양념	로즈마리	클리핑 로즈마리	레몬 타임	레몬그라스	스위트 라벤더
해산물 양념	로즈마리	클리핑 로즈마리	타임, 레몬 타임	레몬그라스	스위트 라벤더
입욕제	로즈마리	스위트 라벤더	레몬그라스	티트리	마조람, 타임, 실버 타임, 레몬 타임
벌레 퇴치	레몬그라스	로즈마리	루	스위트 라벤더	세이지
꽃(절화)	로즈마리	프린지드 라벤더	한련화	스피어민트	프렌치 라벤더

허브는 품종에 따라 식용 여부가 다른데, 사진에 😊로 표시되어 있으면 식용이 가능하며, ☹로 표시되어 있으면 먹을 수 없다.

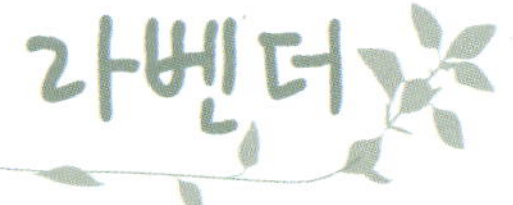

라벤더

과	꿀풀과, 여러해살이풀
개화 시기	가을(추석 이후)부터 4월까지
생장기	가을(추석 이후)부터 4월까지 가장 잘 자라며, 향도 이때 가장 좋다.

How to Use

식용 부위 │ 줄기, 잎, 라벤더 꽃
(건조된 꽃차를 수
입, 판매하고 있음)

어울리는 요리

달거나 짠 요리를 비롯하여 케이
크, 육류 비린내 제거 등에 모두
사용된다. 치즈, 유제품 등과 매
우 잘 어울린다.

주의 사항

꽃가루 알레르기에 민감하다면
이미 건조된 수입 라벤더 꽃을
사용하는 것을 추천한다. 생화
꽃송이는 꽃가루가 많기 때문에
알레르기를 유발할 수도 있다.

Home Style

장식

- 자른 후 바로 물에 담가서 꽃
  꽂이 등에 사용할 수 있다.
- 거꾸로 매달아 건조시킨 다음
  방향제로 사용할 수 있다.
- 건조시킨 잎을 그물망에 넣어
  서 냄새를 제거하는 천연 방향
  제로 사용할 수 있다.

건강

- 목욕 소금과 함께 입욕제로 사
  용할 수 있다.

재배 포인트

01. 배수가 잘 되어야 한다.

02. 반나절 혹은 하루 종일 햇빛이 들어오는 환경이어야 하며, 고온은 좋아하지 않는다.

03. 다듬기를 할 때 순지르기 방법으로 다듬으면 생장에 도움이 되어 더 크게 자랄 수 있다. 하지만 과도한 다듬기는 피해야 하며, 보통 다듬는 정도는 전체 높이의 1/2 이상을 초과해서는 안 된다.

04. 조금씩 자주 비료를 주도록 한다. 생장기나 개화기에는 2주마다 비료를 주어 생장기에 필요한 영양분을 제공하도록 한다. 이는 생장에 불리한 환경에 대한 저항력을 높일 수 있으며, 꽃이 피어있는 개화기를 연장할 수도 있다.

05. 만약 개화기에 다듬기를 해주지 않았다면, 꽃이 지고 난 다음에 꽃자루와 함께 잘라준다.

꽃이 지고 난 다음에 길게 자란 꽃자루는 눈이 있는 부분에서 잘라주어 영양분이 손실되는 것을 막도록 한다.

스위트 라벤더

- 향기가 달콤하고 부드러운 품종으로 가장 많이 사용되는 라벤더의 일종이다.
- 대략 가을에서 늦봄 사이에 평지에서 꽃이 핀다.

자이언트 라벤더

- 향기가 비교적 진한 편이며, 일반적으로 여름에 생산량이 부족한 스위트 라벤더를 대신하여 많이 사용된다.
- 여름에 강한 품종으로 고온 재배에 비교적 강하다.

프렌치 라벤더

- 평지에서 재배하기가 어렵기 때문에 쉽게 보기 어렵다.
- 고산 저온 지역에서 자라야 꽃이 피며 개화시기는 겨울이다.

잉글리시 라벤더

- 평지에서 재배하기가 어렵기 때문에 쉽게 보기 어렵다.
- 고산 저온 지역에서 자라야 꽃이 핀다. 여름, 가을이 개화시기이지만 평지에서는 고온으로 인해 꽃이 계속 피지 못하고 곧 죽게 된다.

프린지드 라벤더

- 향기가 가장 옅고 잎에 톱니 모양이 뚜렷하다. 케이크, 쿠키 등의 장식용으로 많이 사용된다.
- 대략 가을에서 초여름에 꽃이 피며, 개화기간이 길기 때문에 관상 가치가 뛰어나다. 하지만 봄에 비가 많이 내리게 되면 개화 기간이 짧아진다.

피난타 라벤더

- 식용할 수 없으며, 요리 장식에도 사용할 수 없다. 관상용으로만 사용된다.
- 고온 다습한 여름철에는 태풍 등으로 뿌리가 썩어 죽거나 꽃이 금방 시들어버린다.

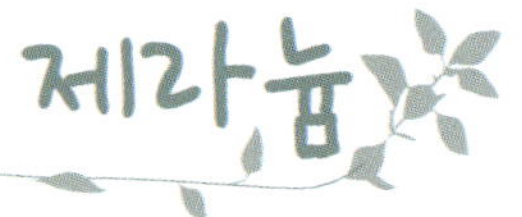

제라늄

과	쥐손이풀과
개화 시기	평지에서 가을~봄까지 꽃이 피며, 그 해의 계절 상태에 따라 다르다.
생장기	봄, 가을, 겨울

How to Use

식용 부위 │ 줄기, 잎

어울리는 요리

단 음식, 음료, 마멀레이드 종류

주의 사항

잎에 열이 닿으면 갈색으로 변하므로 요리에 사용할 때에는 온도를 고려하여야 한다. 신선한 상태로 요리에 사용하면 특유의 신맛이 난다.

Home Style

장식

- 자른 후 바로 물에 담가서 꽃꽂이 등에 사용할 수 있다. 화분은 물론 꽃다발 등에 사용해도 잘 어울린다.
- 브로치용으로 사용하면 꽃이 오래갈 뿐만 아니라 특유의 향기가 은은하다.
- 건조시킨 잎을 그물망에 넣어서 냄새를 제거하는 천연 방향제로 사용할 수 있다.

건강

- 제라늄 오일은 스트레스 완화 효과가 있으며, 다이어트 목욕 등에 자주 사용된다.
- 멍을 제거하는 효과가 있기 때문에 연고를 만들 때에 사용하면 좋다.

Scented Geranium

재배 포인트

01. 배수가 잘 되어야 한다.

02. 반나절 혹은 하루 종일 햇빛이 들어오는 곳이 키우기에 적합하며, 고온에 습기가 많은 환경은 반드시 피한다.

03. 다듬기를 할 때 순지르기 방법으로 다듬으면 생장에 도움이 되어 더 크게 자랄 수 있다. 하지만 과도한 다듬기는 피해야 하며, 보통 다듬는 정도는 전체 높이의 1/2 이상을 초과해서는 안 된다.

04. 조금씩 자주 비료를 주도록 한다. 생장기나 개화기에는 2주마다 비료를 주어 생장기에 필요한 영양분을 제공하도록 한다. 이렇게 하면 생장에 불리한 환경에 대한 저항력도 높일 수 있으며, 꽃이 피어있는 개화기를 연장할 수도 있다.

로즈 제라늄

- 가장 많이 사용되며, 인기도 가장 많다.
- 연한 장미 향기가 나기 때문에 남녀노소 모두 좋아한다.
- 잎사귀의 모양이 단풍잎처럼 생겼고, 털이 나 있으며 연두색이다.
- 분홍색의 우산 모양 꽃이 피며, 압화로 만들어도 색깔이 잘 유지된다.

레몬 제라늄

- 코를 찌르는 듯한 레몬 향이 난다.
- 잎은 단풍잎처럼 생겼고 털이 있다. 잎은 많이 갈라져 있으며 연두색이다.
- 분홍색의 우산 모양 꽃이 피며, 압화로 만들어도 색깔이 잘 유지된다.
- 화분에 심거나 브로치용 꽃으로 적합하다.

라벤더 제라늄

- 약간 라벤더 같은 향이 있다.
- 잎이 작다.
- 잎의 색깔은 마치 라벤더처럼 표면이 약간 흰 녹색이다.

로즈마리

과	꿀풀과
개화 시기	봄, 여름
생장기	봄, 여름, 가을, 겨울

Home Style

장식

- 자른 후 바로 물에 담가서 꽃꽂이, 테이블 장식 등으로 사용할 수 있다.
- 거꾸로 매달아 건조시킨 다음 꽃다발, 화환 등에 사용하면 방향과 장식효과에 뛰어나다.
- 건조시킨 잎을 그물망에 넣어서 냄새를 제거하는 천연 방향제로 사용할 수 있다.

건강

- 로즈마리는 피부를 활성화하고, 혈액순환을 촉진하는 효과가 있기 때문에 신선한 상태에서 목욕물에 우려내어 사용하면 좋다.
- 신선한 로즈마리를 추출하여 만든 엑기스를 샴푸에 배합하면 모공 및 세포의 활성화를 도와 모발 생장에 도움이 된다.
- 로즈마리 오일은 피부 활성화, 혈액순환 촉진 등의 효과가 있어 천연 피부관리 제품에 자주 사용된다.

How to Use

식용 부위 | 줄기, 잎

어울리는 요리

짠 요리를 비롯하여 케이크, 육류 비린내 제거 혹은 소금 절임 등에 모두 사용이 가능하다. 치즈, 유제품 등과 매우 잘 어울린다.

주의 사항

음식으로 알레르기가 쉽게 발생하는 사람은 로즈마리를 먹을 때에 반드시 굽거나 익혀서 먹도록 한다. 그렇지 않고 생식을 하는 경우에 두드러기가 날 수도 있다. 며칠 지나면 두드러기는 자연적으로 없어지지만, 로즈마리를 입욕제로 사용하는 것은 최대한 피하도록 한다.

로즈마리는 충분한 일조량이 필요하다. 주변에 키가 낮은 식물을 심어야 빛을 가리지 않게 된다.

클리핑 로즈마리는 꽃이 핀 다음에 잎이 노랗게 되는 등의 쇠약 현상이 나타날 수 있다.

재배 포인트

01. 배수가 잘 되어야 한다.
02. 반나절 혹은 하루 종일 햇빛이 들어오는 환경이어야 하며, 고온은 좋아하지 않는다.
03. 다듬기를 할 때 순지르기 방법으로 다듬으면 생장에 도움이 되어 더 크게 자랄 수 있다. 하지만 과도한 다듬기는 피해야 하며, 보통 다듬는 정도는 전체 높이의 1/2 이상을 초과해서는 안 된다.
04. 조금씩 자주 비료를 주도록 한다. 생장기나 개화기에는 2주마다 비료를 주어 생장기에 필요한 영양분을 제공하도록 한다. 이렇게 하면 불리한 환경에 대한 저항력을 높일 수 있으며, 꽃이 피어있는 개화기도 연장할 수 있다.
05. 만약 기후, 환경, 토양 조건 등이 적합하지 않으면 향기가 옅어지고, 잎도 짧고 작아진다.

로즈마리

- 잎이 비교적 넓고 길다.
- 향기가 비교적 진하기 때문에 요리에 자주 사용된다.
- 똑바로 자라기 때문에 꽃꽂이 작품의 직선 표현에 적합하다.

클리핑 로즈마리

- 로즈마리의 품종 중에서 초기에 유일하게 평지에서 개화한 품종이다. 잎 아래쪽에 연보라색의 작은 꽃이 핀다.
- 똑바로 자라는 직립형 로즈마리에 비해 잎이 짧고 가늘며, 진녹색이다.
- 향기는 직립형보다 진한 편이다.
- 약간 곡선형으로 자라기 때문에 꽃꽂이에서 곡선을 표현할 때 적합하다.

토스카나 로즈마리

- 똑바로 곧게 자라며, 잎이 비교적 넓기 때문에 울타리 효과를 누릴 수 있다. 병충해에도 강하기 때문에 온종일 햇빛이 드는 울타리 식물로 적합하다. 최근에 새로 부상하고 있는 인기 허브이다.
- 향기는 다소 약한 편이다.
- 분홍색의 작은 꽃이 핀다.

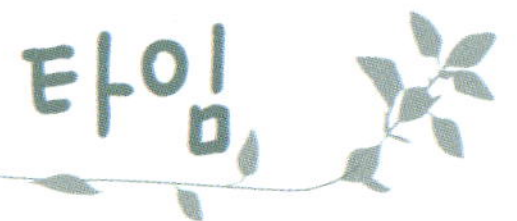

타임

과	꿀풀과
개화 시기	없음
생장기	가을, 겨울, 봄

How to Use

식용 부위 | 줄기, 잎

어울리는 요리

짠 요리를 비롯하여, 케이크, 육류 비린내 제거, 혹은 소금 절임 등에 모두 사용이 가능하다. 소금에 절여 향료, 오일 등을 만들 수 있다.

주의 사항

타임 종류는 잎이 얇고 작기 때문에, 고온에 볶거나 익히면 쉽게 검은 색으로 변한다. 또한 향도 없어지고 쓴 맛이 나기도 한다. 그러므로 볶음밥 등에 사용하고자 한다면 요리가 완성되고 냄비에서 꺼낸 다음에 밥의 여열로 살짝 익히면 향과 맛을 잘 느낄 수 있다.

Home Style

장식

자른 후 바로 물에 담가서 꽃꽂이, 요리 데코레이션 등에 사용할 수 있다.

건강

유럽에서는 아이들이 열이 나면 타임에 마조람을 섞어 목욕 시에 사용하곤 한다. 먼저 허브를 욕조나 대야에 넣은 다음 뜨거운 물로 우려내고, 다시 찬 물로 온도를 맞추어 목욕물로 사용하면 해열, 염증 해소에 효과가 있다.

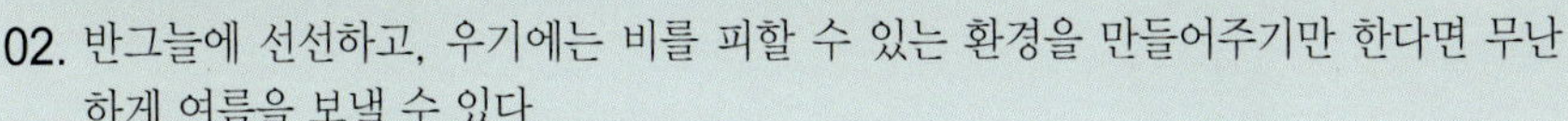

재배 포인트

01. 한여름에는 고온 다습하기 때문에 흙의 습도가 높다. 게다가 외부 온도도 높기 때문에 타임이 쉽게 썩을 수 있다.

02. 반그늘에 선선하고, 우기에는 비를 피할 수 있는 환경을 만들어주기만 한다면 무난하게 여름을 보낼 수 있다.

03. 가을, 겨울은 타임의 생장에 알맞은 계절이다. 단, 일조량이 적다는 문제가 있는데 햇빛이 부족하면 잎이 쉽게 말라 고사하게 되므로 여름, 가을, 겨울에는 각각 관리를 달리 해주어야 한다.

04. 다듬을 때 전체 높이의 1/2 이상을 초과하는 과도한 다듬기는 피해야 한다.

05. 조금씩 자주 비료를 주도록 한다. 특히 생장기나 개화기에는 2주마다 비료를 주어 생장기에 필요한 영양분을 제공하도록 한다.

타임

- '커먼 타임'이라고도 하며, 잎은 짙은 녹색이고 삼각형으로 생겼다.
- 타임 중에서 향기가 가장 진한 품종이다.

레몬 타임

- '골든 레몬 타임'이라고 하며, 레몬 향기가 난다.
- 잎이 비교적 둥근 편이며 노란색 테두리가 있다.
- 일조량 및 환경이 잘 맞지 않으면 노란색 테두리가 없어진다. 따라서 잎 위에 있는 노란색 테두리만 가지고 품종을 구별하기란 어렵고 향기를 맡아봐야 정확한 판단이 가능하다.

실버 타임

- 잎 모양이 둥근 편이며, 흰색 테두리가 섞여 있다.
- 향기는 사향 타임에 비해 약한 편이다.
- 일조량 및 환경이 잘 맞지 않으면 흰색 테두리가 없어진다. 따라서 잎 위에 있는 흰색 테두리만 가지고 품종을 구별하기란 어렵고 향기를 맡아봐야 정확한 판단이 가능하다.

Thyme

캣 타임

- 해외에서는 고양이를 좋아하는 사람들이 집에서 캣 타임을 많이 키운다.
- 고양이들은 이 향기를 아주 좋아하지만 냄새를 맡아보면 약간 코를 찌르는 듯한 말로 표현하기 어려운 향이 난다.

레몬그라스

과	볏과
개화 시기	없음
생장기	봄, 여름, 가을

How to Use

식용 부위 | 줄기, 잎

어울리는 요리

삶아서 즙을 만들어 약으로 쓰거나, 마멀레이드, 곤약 등을 만들 때 사용 가능하다.

주의 사항

레몬그라스와 시트로넬라는 외관이 아주 비슷하여 구별하기가 쉽지 않지만 잎을 비벼보면 그 향기로 구분이 가능하다. 레몬그라스 종류는 삶아서 주로 사용하는데, 잎의 섬유질이 두껍기 때문에 직접 잎을 요리에 사용할 수 없어 보통 삶아낸 즙을 요리에 사용한다.

Home Style

장식

레몬그라스는 다양한 요리에 사용이 가능하지만 그 모양이 잡초처럼 생겼기 때문에 너저분하게 보일 수 있어 장식으로는 적게 사용된다. 만약 요리에 사용하고자 한다면 먼저 잎을 돌돌 말아서 삶을 때 뒤집거나 꺼내기 편리하도록 한다.

건강

신선한 잎을 삶은 다음에 목욕할 때에 사용하면 숙면에 도움이 된다. 남녀노소 모두 사용 가능하다.

재배 포인트

01. 잎 사이에 물이 고이면 줄기가 썩을 수 있으므로 물을 줄 때는 절대 위에서부터 주지 않는다.

02. 겨울의 낮은 온도는 레몬그라스의 성장을 더디게 한다. 이때 수분을 잘 통제하고, 비료를 적게 주고, 노랗게 시든 잎을 제거하여 월동하도록 한다. 봄, 여름이 오면 다시 생기를 회복할 것이다.

03. 바람이 너무 강한 곳에 심으면 안 된다. 잎이 손상될 뿐만 아니라 보기에도 좋지 않다. 또한 레몬그라스 종류는 뿌리가 얕고, 키가 상당히 크기 때문에 바람이 세게 불면 뿌리째 뽑힐 수 있다.

잎의 가장자리에 쉽게 베일 수 있기 때문에 너무 길게 자라거나 무성하게 자란 경우에는 다듬어줄 필요가 있다.

레몬그라스

- 맑은 레몬 향기를 갖고 있어 기분을 상쾌하게 한다.
- 잎의 섬유질이 두껍다.
- 위장의 연동 운동을 돕는 효과가 있어 끓여서 차로 마시거나 탕으로 마시면 좋다.

시트로넬라

- 시트로넬라 오일은 벌레를 쫓는 효과가 있다. 희석한 다음 직접적으로 분사하거나 닦으면 모기 등의 벌레들이 가까이 오지 않는다.
- 잎을 깨끗이 닦아 말린 다음 베개 속을 채우면 숙면에 도움이 된다.

사실 레몬그라스의 종류는 아주 많지만. 이 두 종류가 일반적이다. 레몬그라스 품종은 외형으로는 잘 구분이 가지 않기 때문에 반드시 확인한 다음에 사용하도록 한다. 식용 불가능한 품종은 식물 자체에 방향유 농도가 지나치게 높아 몸에 부담을 줄 수 있다. 서로 다른 체질에 따라 어떤 부작용이 나타날지는 알 수가 없으므로 아무 것이나 먹지 않도록 한다.

과	꿀풀과
개화 시기	가을, 겨울
생장기	봄, 여름, 가을

How to Use

식용 부위 | 줄기, 잎

어울리는 요리

해산물, 육류의 비린내 제거에 효과가 좋아 이탈리아 소스를 만드는 주요 재료로 쓰인다. 최근에 들어온 새로운 품종의 바질은 그 씨앗을 직접 물에 불리면 청개구리 알처럼 팽창하게 되는데, 이를 음료나 아이스크림에 넣어 먹으면 아주 맛이 있다. 하지만 아직 시판되지는 않고 있다.

주의 사항

스위트 바질, 퍼퓸 바질, 레몬 바질 등은 바질 종류 중에서도 향기가 비교적 옅은 품종이기 때문에 일반적인 소스에 주로 사용된다.

원예 거래가 활성화되면서 요리용 및 관상용 허브의 품종이 다양해졌다. 바질은 곤충을 매개로 꽃가루받이를 하기 때문에 서로 다른 종류의 바질이 함께 심어져 있다면 잡종 교배 등이 발생할 수 있다. 따라서 바질을 분류할 때 구분이 어려운 상황이 자주 발생하곤 한다.

장식

- 인테리어용으로는 거의 사용하지 않지만, 요리 장식에는 자주 사용된다.
- 꽃이 피어 있을 때 꽃을 잘라서 유리병이나 시험관 등에 넣으면 장식 효과가 뛰어나다.

관리

- 일반적으로 오일을 추출하여 사용한다.
- 오일은 피부를 탱탱하게 하는 효과가 있고 호흡기와 소화 계통에도 도움이 된다.

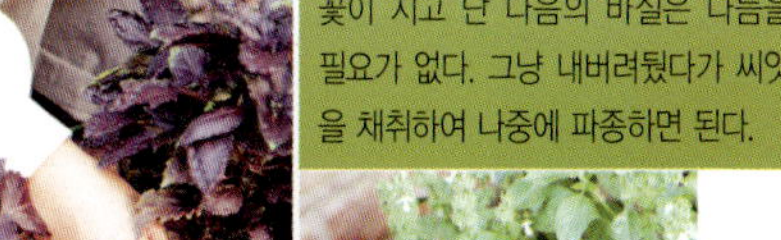

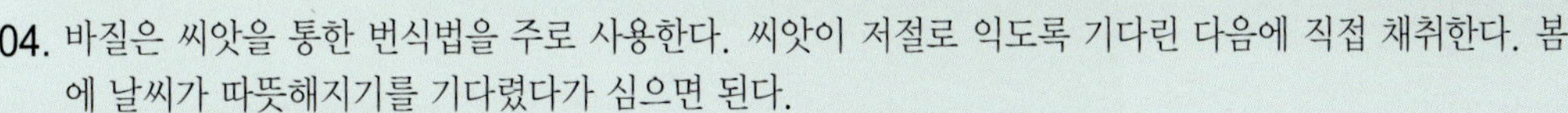

재배 포인트

01. 따뜻한 기후를 좋아하기 때문에 겨울에는 성장이 더디다.

02. 꽃이 진 후에 맺힌 씨앗은 바람을 따라 땅에 떨어져 싹이 난다. 일반적으로 봄에 바질 싹을 이곳저곳에서 볼 수 있는데, 생명력이 강한 허브 중의 하나라고 할 수 있다.

03. 만약 빛과 통풍이 그다지 좋지 않은 곳에 심었다면 흰가루병이 쉽게 나타날 수 있다. 가끔 다듬기(순치기)를 하면 새로운 싹들이 잘 자랄 수 있을 뿐만 아니라 통풍에도 좋다.

04. 바질은 씨앗을 통한 번식법을 주로 사용한다. 씨앗이 저절로 익도록 기다린 다음에 직접 채취한다. 봄에 날씨가 따뜻해지기를 기다렸다가 심으면 된다.

05. 재배와 관리 방법은 아주 간단하다. 일반적인 허브 관리 주의 사항에 따라 관리하면 된다.

06. 고정적인 순치기 작업은 새로운 싹이 나올 수 있도록 하는데 도움이 되며, 모양을 내기에도 좋다. 바질은 관상 효과가 그다지 크지 않기 때문에 정원의 가장자리나 벽 쪽에 심어 조경을 해치지 않도록 한다.

레몬 바질

- 만약 잎을 문질러 향기를 맡지 않고 외관으로만 본다면 구분이 매우 어렵다. 레몬 향이 나며, 자세히 관찰해야 알아볼 수 있는 흰색의 작은 꽃이 핀다.

보라꽃 바질

- 줄기와 꽃은 보라색이며, 잎이 작다. 향기는 짙고 주로 요리에 사용된다.

스위트 바질

- 흔히 볼 수 있는 바질로 잎이 크고 초록색이며, 끝이 둥근 편이다. 잎이 약간 말려 있고, 향기는 달콤하다.

퍼플 바질

- 잎이 크고 보라색이며, 요리에 사용된다.

세이지

과	꿀풀과
개화 시기	가을, 겨울, 봄(밀리 세이지는 일 년 내내 꽃이 핀다)
생장기	가을, 겨울, 봄

How to Use

식용 부위 | 줄기, 잎

어울리는 요리
육류, 해산물

주의 사항
생리 불순에 도움이 된다. 수유 중인 여성은 젖이 돌지 않을 수 있으므로 피하도록 한다.

Home Style

장식
- 밀리 세이지는 꽃 색깔과 모양이 뚜렷하기 때문에 꽃다발이나 꽃꽂이에 사용된다.
- 골드 세이지의 잎은 비교적 강렬하기 때문에 꽃꽂이에 적합하다.

건강
- 세이지 오일은 피부 윤택 및 수렴 효과가 뛰어나다.
- 생리양이 너무 적거나, 월경 전후의 증상이 심할 경우, 또는 갱년기 여성 등에게 적합하다.
- 근육을 풀어주고, 폐 기능을 강화시켜 주는 효능이 있다.

재배 포인트

01. 온도가 높거나, 흙이 다습한 환경에서는 쉽게 썩어 죽는다.
(여름, 특히 장마철에는 습도가 높으므로 주의한다.)

02. 여름에는 반그늘에서 관리하고, 가을, 겨울의 시원한 날씨에는 하루 종일 햇빛이 드
는 곳에서 자라도록 한다.

03. 흙은 배수성이 좋은 것으로 선택한다.

04. 재배 방법은 간단하다. 일반적인 허브 관리 주의사항과 동일하다.

05. 밀리 세이지는 개화기가 지나고 나면 잎을 다듬고 비료를 주는 등의 관리가 필요하다. 잘린 부분에서
싹이 나면 다음에 꽃이 더 많이 피게 된다.

06. 밀리 세이지는 개화기에 수분 및 비료 등을 자주, 적게 주게 되면 꽃이 오래 피어있다.

세이지

- 잎은 대략 화살처럼 생겼으며, 녹색 바탕
에 흰색이 띄엄띄엄 보이는 독특한 색상을
가지고 있다. 외국에서는 짙은 향기로 인
기가 높지만 국내에서는 다른 허브보다 상
대적으로 인기가 석은 편이나.

삼색 세이지

- 잎에 흰색, 녹색, 보라색 등의 무늬가 섞
여 있으며, 줄기는 보라색이다. 화살 모양
이지만 약간 둥근 편이다. 향기는 세이지
와 유사하다.

골드 세이지

- 잎의 색은 녹색에 금색 무늬가 있다. 약간
둥근 화살 모양으로 구별하기가 아주 쉽
다. 향기는 세이지와 유사하다.

퍼플 세이지

- 세이지와 잎의 모양, 색깔 등이 유사하지
만 잎맥, 줄기 등이 보라색이다. 주의하지
않으면 삼색 세이지와 혼동하기 쉬우며,
향기는 대부분 비슷하다.

Bergarrten 세이지

- 잎이 크고 둥글며, 둥글둥글한 잎은 상당
히 계란형이다. 잎의 색깔은 세이지와 비
슷하다. 향기는 비교적 부드러우며, 케이
크 등에 사용하면 좋다. 우리나라에서는
보기 힘든 품종이다.

프루트 세이지

- 잎은 녹색으로, 상당히 크다. 표면에는 작
은 털이 있다. 달콤한 과일 향기로 인해
인기가 높다. 장마철 이후의 습하고 찌는
무더위와 겨울의 낮은 온도만 주의한다면
관리 방법은 간단하다.

민트

과	꿀풀과
개화 시기	여름(기후에 따라 꽃이 피는 계절이 달라질 수 있음)
생장기	봄, 여름, 가을, 겨울

How to Use

식용 부위 | 줄기, 잎

어울리는 요리

모든 종류의 차, 음료에 잘 어울리지만 모든 민트가 식용 허브는 아니다. 스테비아와 마찬가지로 기본 조미료로 사용된다. 간장에 향긋하게 볶는 중국식 육류 요리를 할 때 마지막에 민트를 넣어 향이 살짝 배이게 하면 느끼한 맛이 없어진다. 민트 향기는 상쾌하면서도 청량감이 있으나, 각 종류에 따라 다른 특징을 가지고 있으므로 어느 요리에 어떻게 쓰느냐가 매우 중요하다.

주의 사항

민트는 그 종류가 매우 다양하다. 차로 우려 마실 경우 아주 조금만 넣어도 향이 우러난다. 민트를 너무 많이 넣으면 풀냄새가 나므로 적당히 넣는다.

장식

- 순치기 후에 물에 담가 뒀다가 꽃꽂이 등에 사용한다.
- 스펀지에 꽂아 두거나 물병에 꽂아도 뿌리가 자란다.

건강

- 아로마 병에 뜨거운 물을 담은 다음 신선한 민트 잎을 넣고, 다시 촛불로 데우면 은은한 민트 향기가 퍼져 머리가 상쾌해진다.
- 머리 부분의 마사지를 할 때에 민트 오일을 사용하면 머리가 맑아지고, 스트레스나 수면 부족으로 인한 두통 등이 완화된다.

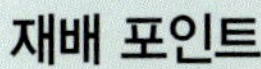

재배 포인트

01. 튼튼하게 자라지 않는 민트는 강하게 순치기를 해줄 필요가 있다. (심지어 흙 표면과 거의 높이가 같을 정도로) 그런 다음 유기농 비료를 주고, 그 위에 흙을 다시 덮도록 한다. 매일 흙의 습도를 유지시켜주면 약 1주일 후에는 새로운 잎들이 계속 나서 무성한 민트 정원이 탄생한다.

02. 반그늘 환경에 적합하며, 나무 아래의 약한 빛이 있는 곳에서 잘 자란다. 하루 종일 빛이 들어오는 경우에는 잎 가장자리가 검게 타거나 노랗게 변할 수 있다.

03. 너무 많이 자란 민트는 정기적으로 솎아주어야 하며, 흙을 보충하고 비료를 주는 등의 작업이 필요하다. 또한 민트는 자라는 속도가 빠른 편이기 때문에 다른 주변 식물들(타임 등)을 덮지 않도록 관리해주어야 한다.

04. 여름에는 병충해가 심하다. 하룻밤 사이에 민트의 커다란 잎이 갉아먹힐 수 있으니 병충해 관리에도 특히 주의해야 한다.

05. 재배 관리는 간단하다. 일반적인 허브 관리 주의사항과 동일하다.

스위트민트

- 잎이 긴 편이고, 짙은 녹색이다. 향은 그다지 강하지 않다.

애플민트(또는 파인애플 민트)

- 잎에 흰색 반점이 있으며, 올록볼록하기 때문에 관상 효과가 뛰어나다. 연한 사과 향기가 나며, 생잎을 씹으면 약간 매우면서도 향긋함을 느낄 수 있다.

스피어민트

- 껌의 원료로 사용되기 때문에 익숙한 향이 난다. 신선한 스피어민트 잎에 스테비아를 더하면 천연 껌이 되며, 향기가 좋기 때문에 다양한 민트 용품에 사용된다.

스위스 민트

- 스위스 목캔디, 초콜릿의 원료이며, 향기로 쉽게 구별할 수 있다. 잎은 약간 타원형이며, 암녹색에 가깝다. 잎을 만지면 그 향기가 아주 좋지만, 차에다 넣어 마시면 풀 맛이 강하고 향도 그다지 뚜렷하지 않기 때문에 잘 사용하지 않는다.

초콜릿 민트

- 잎맥과 줄기는 진한 커피색이지만, 그 향은 전혀 초콜릿 향이 아니다.

페퍼민트(유럽 민트)

- 잎이 약간 타원형이며 암녹색에 가깝다. 잎맥이 분명하고, 일반적으로 약용 혹은 요리에 사용되며 향기가 진하다. 생장 환경 또는 흙의 비료 문제 등으로 인해 눈으로 보는 것만으로는 다른 민트와 구분하기 어려울 때가 있다.

그레이프프루트 민트

- 잎이 약간 둥글고 도톰한 편이다. 만지면 연한 그레이프프루트 향이 나지만, 차에다 넣어 마시면 풀 맛이 강하고 향도 그다지 뚜렷하지 않기 때문에 잘 사용하지 않는다. 화분으로 키우면 관상 효과는 좋다.

오렌지 민트

- 잎이 둥근 편이며, 잎맥이 분명하다. 차에다 넣어 마시면 풀 맛이 강하고 향도 그다지 뚜렷하지 않기 때문에 잘 사용하지 않지만, 화분으로 키우면 관상 효과가 좋다.

페니로열

- 모기 쫓는 약의 원료로 사용된다. 포복 형태로 자라기 때문에 정원의 흙바닥을 녹색으로 덮고자 할 때 사용 가능하다. 페니로열을 입구에 심어 사람들이 이를 밟고 들어오면 그 향기로 인해 손님이 왔다는 것을 미리 알 수 있다.

과	국화과
개화 시기	비정기적(꽃은 관상 효과가 거의 없으며, 영양분만 흡수한다)
생장기	일 년 내내

How to Use

식용 부위 │ 줄기, 잎

어울리는 요리

차, 마멀레이드 등

주의 사항

당도는 설탕의 200~300배인데 반해 칼로리는 1/90밖에 되지 않아 신장병, 당뇨병 환자나 다이어트 하는 사람들에게 알맞다.

재배 포인트

01. 키우기는 쉽지만, 꽃이 피면 반드시 꽃을 따주도록 한다. 그렇지 않으면 허브의 생장에 영향을 주고, 심지어는 영양분이 모자라 허브가 죽을 수도 있다.

02. 가끔 잎을 다듬어주면 식물의 생장에 도움이 된다. 정기적으로 순지기를 하지 않으면 무성하게 자라 지저분해지며, 병충해의 피해를 입기 쉽다. 목질화가 되고 난 다음에는 새 싹이 잘 자라지 않는다.

03. 재배 관리는 간단하다. 일반적인 허브 관리 주의 사항과 동일하다.

꽃이 피면 반드시 꽃송이를 따주어 영양분이 손실되지 않도록 한다. 그렇지 않으면 전체적으로 약해질 수 있다.

레몬 밤

과	꿀풀과
개화 시기	봄, 여름, 가을, 겨울

How to Use

식용 부위 │ 줄기, 잎

어울리는 요리

차

주의 사항

레몬 버베나와 함께 차에 곁들어 먹으면 좋다. 우울증 해소에도 효과가 있으며, 다이어트 차에 흔히 사용된다.

Home Style

장식

꽃꽂이, 화분 등에 사용

건강

레몬 밤 오일은 진정 효과가 있으며, 우울증 해소, 불안, 분노 등의 해소에 도움이 된다. 월경을 고르게 하는 데에도 효과가 있다.

레몬 밤은 균에 감염되기 쉽다. 이미 감염된 잎은 바로바로 제거해주도록 한다.

재배 포인트

01. 하루 종일 햇빛이 들어오거나, 반그늘 상태에서 잘 자란다.
02. 통풍이 잘 되어야 한다.
03. 허브 사이의 공간에 햇빛이 잘 들지 않으면 해충이나 균이 생길 수 있다.
04. 잎 표면에 검은색 반점이 생기면 균이 생긴 것이므로 균이 확산되지 않도록 바로 제거해주도록 한다. 보통 잎 아래쪽의 빛과 바람이 잘 통하지 않는 곳에 대부분 발생한다.
05. 재배 관리는 간단하다. 일반적인 허브 관리 주의사항과 동일하다.

과	꿀풀과
개화 시기	여름
생장기	봄, 여름, 가을, 겨울

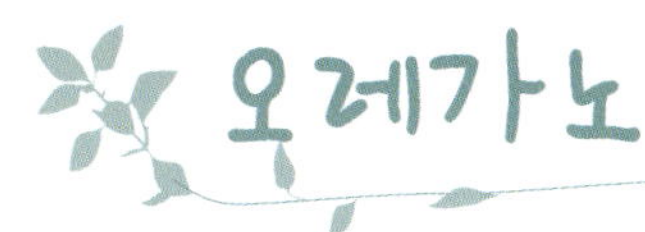

How to Use

식용 부위 | 잎

어울리는 요리
육류, 찜요리, 차

주의 사항
오레가노는 월경 불순에 효과가 있다.
임산부는 사용을 금하도록 한다.

Home Style

장식
화분 장식

건강
오레가노 오일은 신경 조절 및 자극에
도움이 되며, 긴장 완화 및 위, 비장에
좋다. 기관염, 소화기관 등에 도움이
된다.

오레가노
- 잎은 작은 알 모양이며, 미세한 털이 나있다. 진한 녹색이며, 포복 형으로 자란다.

골드 오레가노
- 잎이 작은 알 모양이며, 황금색을 띠기 때문에 관상 효과가 좋다.
- 여름의 종일 햇빛이 들고, 높은 온도에서 잘 자란다.
- 새로 난 잎은 등황색에 가깝다.

재배 포인트

아래쪽 잎은 흙에 닿으면 쉽게 썩으므로 돌멩이를 깔아 잎과 흙을 분리한다.

01. 여름에 오레가노를 키울 때에는 빛을 가리는 것이 중요하다. 강렬한 빛과 강한 바람은 잎을 '선탠'하는 결과를 가져와 누렇게 말라 버린다.
02. 허브 아래쪽이 흙바닥과 직접 닿아 썩지 않도록 돌을 깔거나 잎을 깔아주도록 한다.
03. 반나절 혹은 하루 종일 햇빛이 드는 곳이 키우기에 적합하다. 배수성이 좋은 흙을 선택한다.
04. 재배 관리는 간단하다. 일반적인 허브 관리 주의사항과 동일하다.
05. 흙바닥이 보이지 않도록 잔디처럼 까는 식물로 적합하다.

레몬 버베나

과	마편초과
개화 시기	여름
생장기	봄, 여름, 가을

How to Use

식용 부위 | 잎, 줄기

어울리는 요리
차

주의 사항
지방 분해 차의 주요 재료 중의 하나이다. 레몬 밤과 함께 우울증 해소에 도움이 된다.

Home Style

장식
꽃꽂이, 화분 등에 사용

건강
- 버베나 오일은 마음을 안정시키고, 기분을 진정시키는 효과가 있다.
- 피부에 사용하면 모공 축소, 여드름 등에 도움이 된다.
- 다이어트 효과가 있다.

아래쪽의 누렇게 변한 잎은 바로바로 제거해준다.

재배 포인트

01. 흰 꽃이 피며, 연한 향으로 사람들에게 인기가 높다.
02. 반나절 혹은 하루 종일 햇빛이 드는 곳이 키우기에 적합하다.
03. 통풍이 잘되고, 빛이 잘 들어오는 곳에 두어야 한다. 그렇지 않으면 잎의 뒷면에 벌레가 잘 생긴다.
04. 진드기나 해충이 발견되면 잎과 함께 바로 제거하고 재배 환경을 개선한다.
05. 재배 관리는 간단하다. 일반적인 허브 관리 주의사항과 동일하다.
06. 모양이 지저분해지지 않도록 가끔 순치기를 해준다.

과	꿀풀과
개화 시기	가을, 겨울
생장기	봄, 여름, 가을

How to Use

식용 부위 │ 잎

어울리는 요리
해산물, 소금 절임

주의 사항
꽃이 진 다음에 씨앗이 여물면 자연스럽게 흙 위에 떨어져서 다음해 봄에 다시 싹이 난다.

Home Style

장식
꽃꽂이, 화분 등에 사용

관리
- 자소엽 오일은 감기, 소화불량, 불면증 등에 도움이 된다.
- 피부를 탱탱하게 하고, 모공 관리에 도움이 된다.
- 생잎으로 우린 물을 벌레 물린 데에 바르면 붓기가 가라앉는다.

자소엽
- 소금 절임에 적합하다. 자소엽은 차로 우려 마실 때 뜨거운 물에 우리지 말고, 물에 불려서 우려낸다.

청소엽
- 해산물 종류에 대해 살균 효과가 있어서 생선회와 같이 생식으로 먹으면 좋다.

재배 포인트

자소엽은 겨울에 꽃이 지고 잎이 떨어진다. 그 다음해가 되면 새싹이 다시 자라난다.

01. 반나절 혹은 종일 햇빛이 드는 곳에서 키우기에 적합하다.
02. 꽃이 피기 시작할 때 끝을 다듬으면 씨앗을 얻을 수 없다. 꽃이 진 후 씨앗이 여물면 채취하거나 자연스럽게 흙 위에 떨어져서 다음해 봄에 새싹이 나오는 것을 기다리자.
03. 한다면 먼저 아래쪽에 있는 잎부터 사용한다. 시간이 지나면서 아래쪽에 있는 잎들이 말라 떨어지게 된다.
04. 재배 관리는 간단하다. 일반적인 허브 관리 주의사항과 동일하다.
05. 키가 상당히 크게 자라며, 겨울에는 잎이 떨어져서 조경에 영향을 끼치므로 가장자리에 심는다.

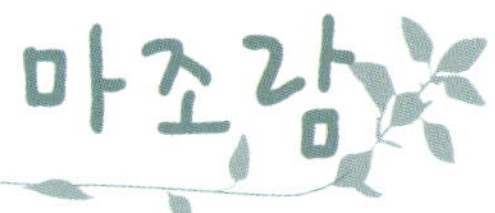

마조람

과	꿀풀과
개화 시기	일 년 내내(비정기적)
생장기	봄, 여름, 가을, 겨울

How to Use

식용 부위 | 잎, 줄기

어울리는 요리

차, 케이크

Home Style

장식

꽃꽂이, 화분 등에 사용

건강

- 오일은 혈압을 낮추고 심장을 강하게 한다. 근육을 풀어주며 관절 통증을 덜어준다.
- 기침, 기관지염, 근육 경련 등을 완화한다.
- 불면증, 두통 등에 좋다.

주의 사항

마조람은 면역력을 높여주는 효능이 있고 타임과 함께 목욕할 때 사용하면 감기 치료에 효과가 있다.

재배 포인트

01. 반나절 혹은 하루 종일 햇빛이 드는 곳이 키우기에 적합하다.
02. 흙의 배수성이 좋아야 한다.
03. 꽃 모양이 매우 특이하다. 처음 보는 사람들은 이를 병충해의 알로 오해하기도 하는데, 가까이 가서 보면 꽃송이라는 것을 발견할 수 있다.
04. 흰색의 작은 꽃이 피어난다.
05. 재배 관리는 간단하다. 일반적인 허브 관리 주의사항과 동일하다.
06. 아래로 늘어지는 특징으로 인해 화단 가장자리에 심으면 딱딱한 화단을 자연스럽게 덮어 예쁘게 연출할 수 있다.

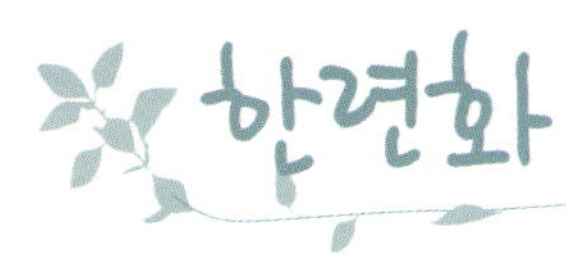

과	한련과
개화 시기	늦가을, 겨울, 봄
생장기	가을, 겨울, 봄

How to Use

식용 부위 | 잎, 꽃, 씨앗

어울리는 요리
생으로 샐러드에 사용하거나, 생선회, 차 등과 곁들여 먹을 수 있다. 약간 달고 매운 맛도 있다.

주의 사항
특별한 금기사항이 없지만 무릇 과유불급(過猶不及)이다.

Home Style

장식
꽃의 색깔이 화사하고, 잎이 연잎처럼 둥글기 때문에 꽃꽂이에 사용하기에 적합하다.

재배 포인트

01. 여름의 고온에 적합하지 않기 때문에 여름에는 햇빛을 피해서 관리하도록 한다. 그렇지 않으면 죽기 쉽다.
02. 저온, 빛, 충분한 비료 등은 한련화가 예쁘게 필 수 있도록 도와준다. 기를 때 성취감이 높은 식물 중의 하나이다.
03. 꽃이 지고 난 다음에 씨앗이 여물면 흙에 떨어져서 다음해가 되면 예상치도 못한 새싹이 돋아난다.

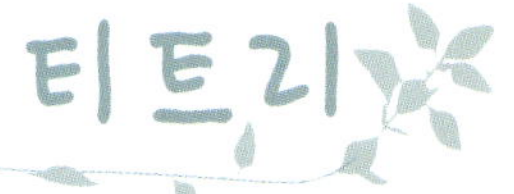

티트리

과	도금양과
개화 시기	없음
생장기	봄, 여름, 가을

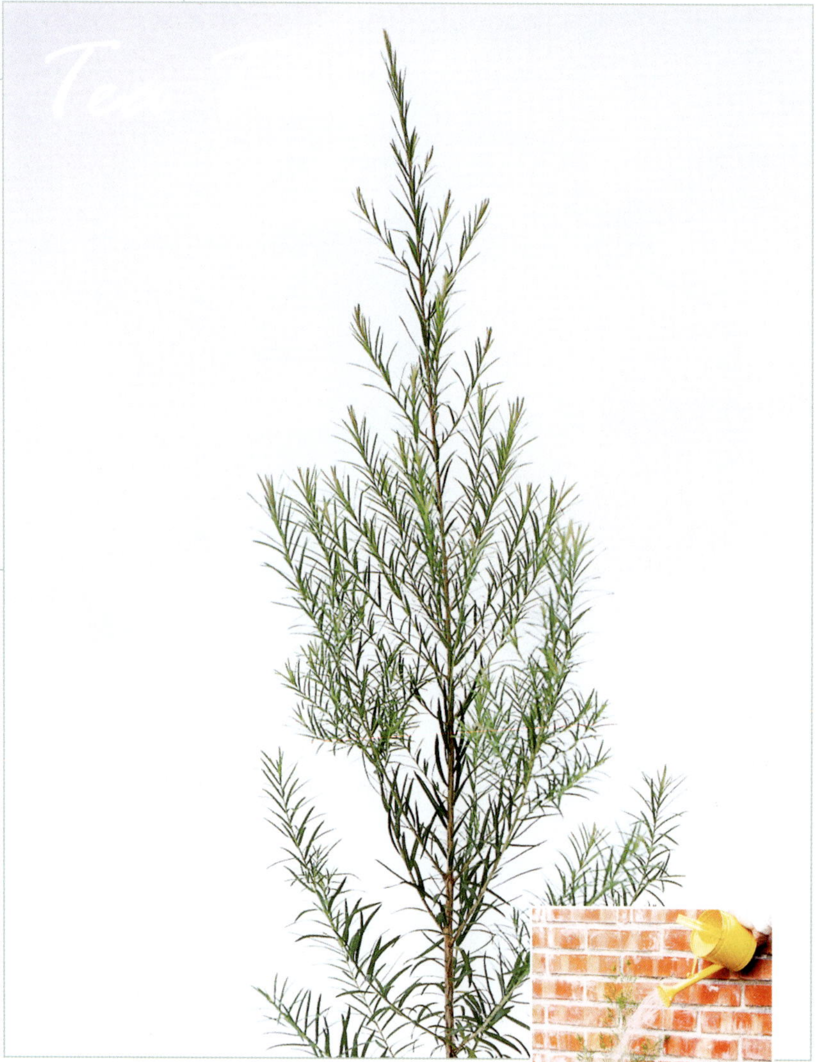

How to Use

식용 부위 | 끝의 노란 부분

어울리는 요리

차

주의 사항

티트리 오일은 농도가 진하기 때문에 너무 많은 양을 먹지 않도록 한다. 가급적 목욕, 샤워 시에 사용하도록 한다.

Home Style

장식

꽃꽂이, 화환, 방향제

재배 포인트

잎이 늘어지면 물을 즉시 주어 수분이 증발하지 않도록 한다.

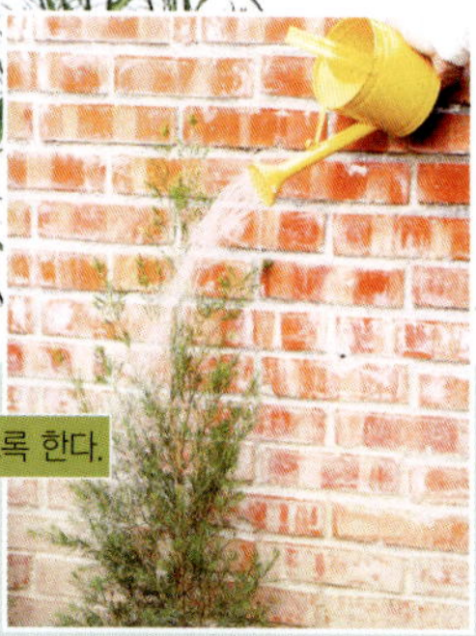

01. 옮겨 심었을 때의 생존율이 낮기 때문에, 티트리를 심은 다음 다시 옮겨 심고자 한다면 먼저 크고 부드러운 검은 화분에 심고 나중에 화분을 그대로 꺼내어 흙에 옮겨 심으면 성공 가능성을 높일 수 있다.

02. 흰가루병 외에 다른 병충해는 걱정할 필요가 없다. 줄기가 무성하지 않게 솎아주고 맑은 물로 잎을 씻어 깨끗이 관리하면 건강하게 자란다.

03. 물이 부족하면 잎맥이 힘이 없고 축 늘어진다. 증상이 나타난 즉시 물을 주어야 하며, 잎에도 물을 충분히 분사하여 수분이 증발하지 않도록 직접적으로 수분을 보충해주도록 한다.

허브 시장에 가면 30여 종의 허브들이 나와있다. 그중 파슬리, 차이브, 캐모마일 등은 모두 쉽게 볼 수 있는 품종들이다. 하지만 이들은 계절성이 비교적 강하기 때문에 요리에 사용되는 것 외에 활용 범위는 그다지 크지 않다.

파슬리

과 | 미나리과
개화 시기 | 한해 걸러 작은 흰 꽃이 핀다.
생장기 | 봄, 가을

How to Use

식용 부위 | 잎
어울리는 요리
스프
주의 사항
다져서 스프에 넣거나, 생으로 요리 장식에 사용한다. 또는 전체 잎을 직접 먹는다.

캐모마일

과 | 국화과
개화 시기 | 봄
생장기 | 가을, 겨울, 봄

How to Use

식용 부위 | 꽃, 잎, 줄기
어울리는 요리 | 차
주의 사항
캐모마일은 생리불순에 좋지만 임신 초기에는 사용하지 않도록 한다. 로만 캐모마일(Roman Chamomile)은 향이 강하고, 사과향이 있으며, 저먼 캐모마일(German Chamomile)은 단맛의 사과 향이 난다.

차이브

과 | 백합과
개화 시기 | 초봄~여름
생장기 | 가을, 겨울, 봄

How to Use

식용 부위 | 잎
어울리는 요리
스프, 조미료
주의 사항
파와 비슷한 특성을 가지고 있다. 고온에서 끓이지 않도록 하고 요리가 완성되기 직전에 넣는다.

Part 03

Living with Herb

우아한 허브 생활

허브는 '눈, 귀, 코, 혀, 마음, 생각'에서부터 사람들의 생활을 즐겁게 한다.

허브의 뿌리, 줄기, 잎, 꽃 등의 각 부분은 다양한 음식, 생활 용품에 활용될 수 있으며, 허브와 직접 만나게 되면 누구나 허브 라이프 스타일리스트가 될 수 있다.

허브와 함께라면 향기가 가득한 우아한 생활이 멀게만 느껴지지 않을 것이다.

향기로운 오후의 티 타임

스테비아와 스피어민트는 흔히 차로 만들어진다. 민트의 종류는 매우 다양한데 왜 음료로 만들어지는 것은 한두 종류 밖에 없을까? 사실 민트는 '향기 종류', '맛 종류', '향기와 맛 종류' 등으로 구분된다. 예를 들어 토종 민트는 맛이 아주 청량하지만 차로 우리면 향기가 옅어진다. 그레이프프루트 민트, 초콜릿 민트, 오렌지 민트 등은 만졌을 때 향기가 편안하면서도 진하지만 차로 우리면 입안에 풀맛이 남는다. 스피어민트는 차로 우려내면 향기가 진하지만 청량감은 다소 떨어진다. 이때 1〜2 잎의 토종 민트를 넣어주면 향기로우면서도 청량감을 충분히 느낄 수 있다.

집에서 허브를 키운다면 잎이 무성해졌을 때 그것을 따서 건조 보관하면 어느 계절이든 차를 즐길 수 있다. 말린 허브 잎에는 신선한 엽록소의 향기, 색깔, 비타민 일부가 부족하지만 차를 우리면 향기가 진하고 휴대하기도 편리하다. 만약 신선함을 원한다면 말린 잎에 신선한 허브 생잎 몇 장을 섞어 차를 우리면 된다.

이 외에도 허브는 계절 과일과 야채 등과 함께 즙으로 만들거나, 식초, 술 등에서 넣어서 요리할 때 사용할 수도 있다. 신선한 허브 향이 각 음식에 색다른 풍미를 더할 것이다.

레몬 밤 망고 셰이크

진한 망고 맛이 레몬밤의 상큼함 속에 숨어 있어 먹어도 먹어도 질리지 않는다.

재　　료｜신선한 레몬 밤 잎, 망고, 얼음, 물, 설탕(혹은 꿀 약간. 개인의 취향에 따라 양을 조절하면 된다)

만드는 법｜01. 신선한 망고를 껍질을 벗겨 조각으로 자른 다음, 얼음, 레몬 밤 잎, 설탕과 함께 믹서에 넣는다.
02. 물을 믹서의 1/4 높이까지 붓고(진한 망고 향을 좋아한다면 물을 적게 넣는다) 셰이크가 되도록 갈아주면 된다.

민트 참마 우유

담백하고 시원한 맛의 참마는 민트와 잘 어울려 입 안 가득 향긋함을 남긴다.

재　　료｜신선한 스피어민트 여린 잎 약 12장, 신선한 애플민트 여린 잎 약 8장, 참마, 우유, 얼음, 설탕 등(개인의 취향에 따라 추가하거나, 혹은 넣지 않아도 무방하다)

만드는 법｜01. 참마의 껍질을 얇게 벗긴 다음, 얼음, 허브 잎, 설탕 적당량과 함께 믹서에 넣는다.
02. 우유를 붓고 함께 갈아준다.

자소엽 칵테일

약간 시고 떫은 자소엽이 마실수록 매력적인 칵테일로 다시 태어난다.

재   료 | 신선한 자소엽 잎사귀 몇 장, 애플사이다 6병, 진 1병, 신선한 과일, 얼음 적당량

만드는 법 | 01. 3일 전에 미리 신선한 자소엽 잎을 깨끗이 씻어 닦은 다음 진에 미리 넣어 준비해둔다.
02. 신선한 과일을 깨끗이 씻어 사각으로 자르고 얼음, 애플사이다, 자소엽을 우린 진(자소엽을 꺼낼 필요는 없음) 등을 모두 칵테일 술병에 넣어 잘 흔든 다음, 다시 몇 개의 여린 자소엽 잎을 넣어 잘 섞어주면 완성된다.

Tip 술과 애플 사이다의 비율은 개인의 주량, 취향에 따라 조절하면 된다. 과일의 양, 종류 역시 계절이나 개인의 취향에 따라 바꿀 수 있으며, 물론 편리함을 위해 통조림 과일을 이용해도 무방하다.

로즈마리 과일 식초

과일 식초 만드는 방법은 아주 간단하다. 수시로 재료를 바꿔가면서 다양한 맛을 즐길 수 있다.

재   료 | 약 20cm 길이의 신선한 로즈마리(혹은 스위트 라벤더), 시장에서 판매하는 사과 식초 또는 오렌지 식초, 유리병, 면실 약간

만드는 법 | 01. 유리병을 깨끗이 씻은 다음 바람에 잘 건조시켜 병 안의 수분을 완전히 제거하도록 한다. 깨끗한 면실로 신선한 로즈마리를 묶은 다음 병에 집어넣고, 실의 한 부분을 병 입구 쪽에 남겨서 나중에 쉽게 빼낼 수 있도록 한다.
02. 천천히 사과 식초를 병 안에 넣어 허브가 완전히 잠길 수 있도록 한다. 병 안의 공기가 빠져나올 수 있도록 기다렸다가 뚜껑을 닫는다.(공기방울이 천천히 위로 올라오는데, 다 올라오고 나면 닫는다.) 상온, 직사광선이 없는 곳에 보관하며, 매일 살짝 흔들어주도록 하자.

Tip 1. 직접 마시거나 샐러드를 섞을 때에도 사용이 가능하며, 무침 등에 활용해도 손색없다.
2. 남은 허브 식초는 변질되지 않도록 냉장 보관한다.

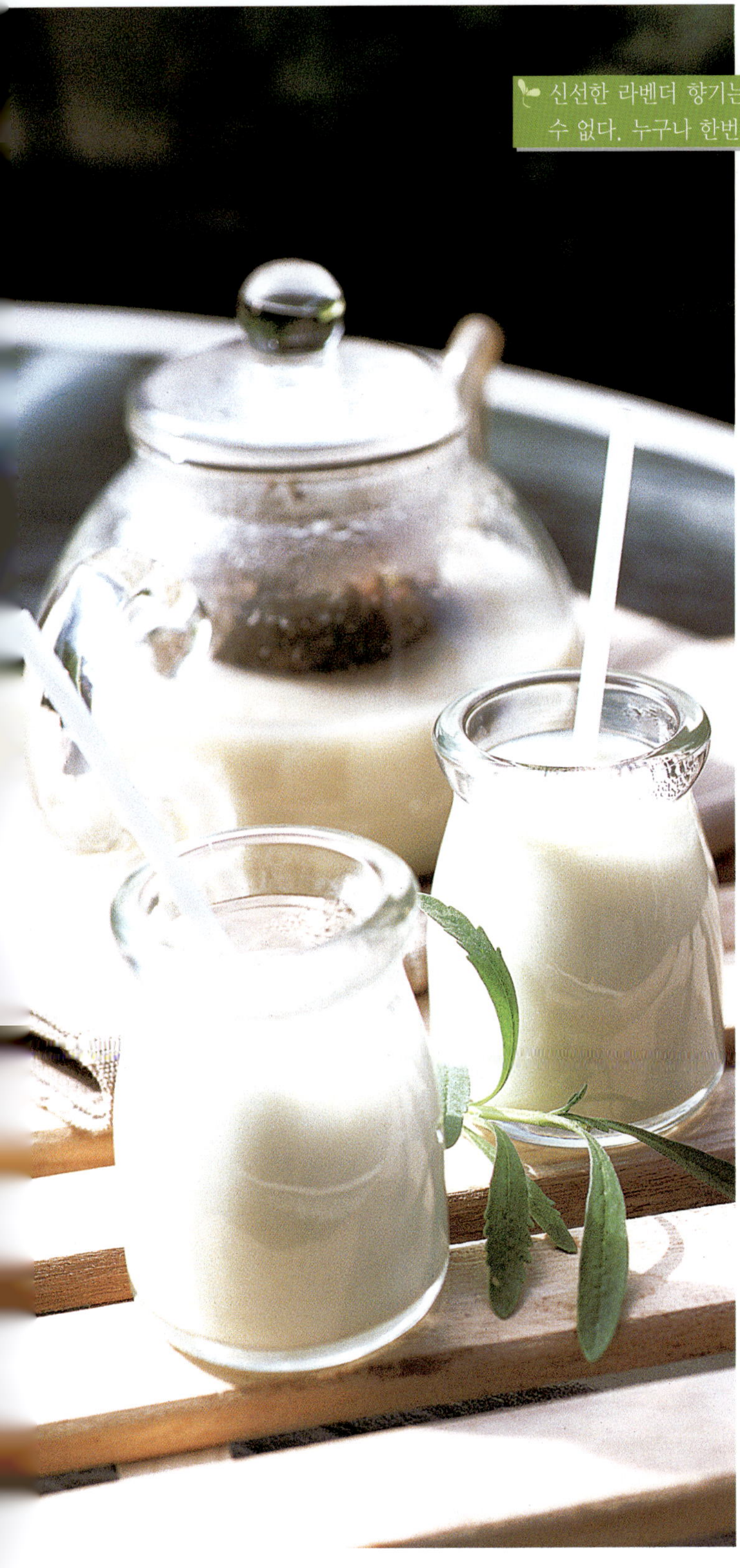

라벤더 밀크 티

신선한 라벤더 향기는 그 우아함이 화학적으로 만든 재료와는 비교할 수 없다. 누구나 한번 마셔보면 라벤더 밀크 티의 매력에 빠질 것이다.

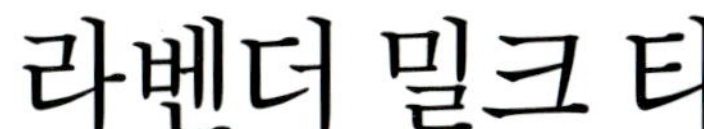

재　　료 | 신선한 스위트 라벤더 잎, 말린 라벤더 꽃, 전지분유, 설탕, 물

만드는 법 |

01. 유리 티포트에 물을 끓인 다음, 신선한 스위트 라벤더 잎을 넣는다. 약 1~2분 후 향이 우러나고 색깔도 녹색으로 변하면 불을 끈다. 너무 오래 끓이면 맛이 쓰게 된다. (한여름에는 자이언트 라벤더로 대체할 수 있다. 하지만 물을 오래 끓인다고 하여 색이 변하지 않기 때문에 향으로 불 끄는 시간을 판단해야 한다.)
02. 또 다른 유리 필터 티포트를 준비하여 건조된 라벤더 꽃을 필터에 넣는다.
03. 전지분유, 설탕의 비율을 2:1로 하여 티포트에 넣는다.
04. 방금 끓인 라벤더 차를 부어 넣는다.
05. 1~2분을 우린 다음, 잘 저어서 바로 마실 수 있다.

Tip 라벤더는 '방향제용'과 '식용'으로 나뉜다. 식용 라벤더를 사용하면 향과 우유의 진한 맛이 섞여 깊은 맛을 낸다. 마찬가지로 향기가 진한 세이지 종류도 밀크 티를 만들기에 적합하다. 단, 시중에 출시된 방향제용 라벤더는 인공 향료와 색소가 첨가되어 있으므로 절대 사용해서는 안 된다.

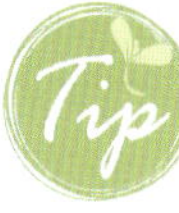

7가지 복합 허브 차

Tip 만약 한꺼번에 다양한 허브 품종을 기억할 수 없다면, 각 효능을 가진 허브를 하나의 화분에 모아 심으면 보기에도 좋고 사 용에도 편리하다. 만드는 방법은 p.26을 참고하자.

면역력 증진을 위한 차

효능│감기를 예방하고, 면역력을 증가시킨다. 외국에서는 아이들이 열이 나면 이 방법으로 차를 우려 마시게 한다.. 입욕제로 사용할 때에는 스테비아와 스피어민트를 넣을 필요가 없다.

허브 조합│신선한 레몬 버베나, 레몬그라스, 스테비아, 스피어민트

스트레스 및 불면증 완화를 위한 차

효능│라벤더는 신경을 안정시키며 로즈 제라늄은 스트레스를 완화해준다. 하루종일 긴장해 있던 신경을 느슨하게 풀어주며 숙면에 도움을 준다.

허브 조합│신선한 라벤더, 로즈 제라늄, 스테비아, 스피어민트

기분 전환을 위한 차

효능│레몬 버베나는 지방 분해 외에도 기억력을 증진시키는 효능이 있다. 레몬 밤은 유럽에서 우울증을 치료하는 비방 중의 하나이다.

허브 조합│신선한 레몬 버베나, 레몬 밤, 스테비아, 스피어민트

식후 소화를 위한 차

효능│위장 연동운동을 촉진하고, 음식의 유지방을 분해한다. 소식하는 사람에게는 적합하지 않다.

허브 조합│신선한 레몬 버베나, 레몬그라스, 스테비아, 스피어민트

활력을 주는 차

효능│기운을 차리고, 기분이 유쾌해지도록 돕는다.

허브 조합│신선한 레몬 밤, 스테비아, 스피어민트

생리기간에 적합한 차

효능│라벤더는 신경을 안정시키는 효능이 있으며, 세이지는 부인과의 불편한 증상을 개선해준다. 생리통, 갱년기 증상 등에 효과가 있다.

허브 조합│신선한 라벤더, 세이지, 스테비아, 스피어민트

위장 보호를 위한 차

효능│레몬그라스는 위장 연동 운동을 촉진하여 게으른 위장을 깨어나게 한다. 매일 레몬그라스 차를 마시면 배변에 도움이 되며 숙면 효과도 볼 수 있다. 레몬그라스로 만든 베개 역시 숙면에 도움이 된다.

허브 조합│레몬그라스, 스테비아, 스피어민트

드라이 허브 차 쉽게 만들기

허브는 봄, 여름, 가을, 겨울의 생산 시기가 있으며, 생산량도 각기 다르다. 심지어 일년생 품종이라면 계절이 지나면 신선한 허브잎을 수확할 수 없다. 따라서 특정 계절에 허브를 수확하여 보존해야 하는데, 허브 전문가가 되고자 한다면 건조하는 방법 쯤은 알고 있어야 한다.

허브의 건조 방법은 사실 어렵지 않다. 집에 오븐렌지만 있다면 남녀노소 누구나 쉽게 만들 수 있다.

01. 신선한 허브를 종류대로 깨끗이 씻고 실내에서 허브의 수분이 자연적으로 바람에 건조될 수 있도록 한다. 잎에 많은 수분이 남아 있을 때 렌지에 넣으면 허브가 쿠킹호일에 달라붙게 되고, 타서 쓴 맛이 나타날 수 있다.

02. 만약 약간 굵거나 늙은 줄기가 있다면 잎과 줄기를 분리하여 건조 처리한다. 건조 시간의 차이로 인해 얇은 잎이 타버릴 수 있으며, 쓴 맛이 나게 된다.

03. 오븐을 100~150℃로 예열한다. (만약 일반적인 소형 오븐을 사용하거나, 혹은 오븐에 온도를 조절하는 기능이 없다면 그냥 오븐을 예열만 해 두도록 한다)

04. 고르게 건조될 수 있도록 허브를 오븐 쟁반 위에 얇게 펴서 깔아준다. 또한 향이 서로 섞이지 않도록 한 번에 한 종류의 허브만을 건조시키도록 한다.

05. 건조 시간은 허브의 수분 함유량에 따라 각각 다르다. 눈으로 봐서 허브의 색깔이 커피색으로 변하면 젓가락으로 잎의 건조 정도를 측정한 다음 꺼낸다.

06. 건조된 허브의 온도가 내려갈 때까지 기다렸다가 즉시 허브를 밀폐용기나 병 등에 넣고 상온에서 보관한다. 건조 즉시 바로 넣지 않으면 공기 중의 수분이 다시 흡수되어 나중에 곰팡이가 피는 경우도 있다.

07. 개인 취향에 따라 각각의 허브를 티백에 넣어 사용한다. 직접 만든 드라이 허브 차는 3~4개월 정도 보관이 가능하다.

건조 시간 : 약 15분, 약 10분, 약 5~8분

라벤더 종류

건조 시간 |
주의 사항 | 잎, 줄기를 따로 건조한다.

타임 종류

건조 시간 |
주의 사항 | 잎, 줄기를 함께 건조한다.

민트 종류

건조 시간 |
주의 사항 | 잎, 줄기를 따로 건조힌

레몬 밤

건조 시간 | 😊
주의 사항 | 잎, 줄기를 따로 건조한다.

로즈마리 종류

건조 시간 | 😊 😊
주의 사항 | 잎, 줄기를 따로 건조한다.

레몬그라스

건조 시간 | 😊 😊 😊
주의 사항 | 잎을 잘라서 건조한다.

마조람

건조 시간 | 😊
주의 사항 | 잎, 줄기를 함께 건조한다.

레몬 버베나

건조 시간 | 😊 😊
주의 사항 | 잎, 줄기를 따로 건조한다. 줄기
중에서도 가늘고 두꺼운 것이 있다
면 따로 건조하도록 한다

제라늄 종류

건조 시간 | 😊 😊
주의 사항 | 잎, 줄기를 따로 건조한다. 줄기 중에서도
가늘고 두꺼운 것이 있다면 따로 건조하도
록 한다.

로즈마리 종류

건조 시간 | 😊 😊
주의 사항 | 잎, 줄기를 따로 건조한다.
줄기 중에서도 가늘고 두꺼
운 것이 있다면 따로 건조
하도록 한다.

세이지 종류

건조 시간 | 😊 😊
주의 사항 | 잎, 줄기를 따로 건조한다.

요리의 맛을 더해주는 허브

　허브는 중국 요리에서 맛을 내는 데에 자주 쓰이고 있고 요즘엔 일반 가정에서도 점차 허브를 활용하는 추세이다. 예를 들어 돼지고기 바질 볶음, 바질 어묵 볶음 등 볶음 요리에 바질을 사용하거나 허브 달걀말이, 로즈마리 생선구이 등 다양하게 활용되고 있다. 허브는 비록 대부분 외래 품종이지만 한국인의 입맛에 맞는다면 바로 '한국의 맛'이다. 기본적으로 식탁에 오르는 볶음, 찜, 밥, 면 요리 등에 모두 허브를 넣을 수 있으니 허브가 요리에 어떤 풍부한 맛을 선사하는지 직접 체험해보자.

타임 치즈 생선회

재   료|레몬 타임, 모차렐라
치즈, 생선회 약간

만드는 법|01. 생선회 위에 레몬
타임과 약간의 치즈
를 뿌린다.
02. 오븐에 넣어 치즈가
녹아 노랗게 변하면
바로 꺼낸다.

레몬그라스 버섯 영양탕

버섯, 야채의 시원한 맛에 레몬그라스의 신선한 향이 녹아들어 있다. 영양 보충에도 으뜸이다.

재　　료 | 갈비, 신선한 레몬그라스, 각종 버섯, 참마, 녹색 양배추, 당근, 소금 약간

만드는 법 | 01. 끓는 물에 갈비를 넣고 육수를 만든다.
02. 냄비에 육수와 적당량의 물을 넣고 펄펄 끓인 다음 갈비와 레몬그라스를 넣는다.
03. 다시 끓게 되면 각종 버섯, 당근을 넣고 약 3분 정도 더 끓이고, 다시 참마, 양배추 등을 넣어 끓이다가 약간의 소금을 넣고 불을 끄면 바로 먹을 수 있다.

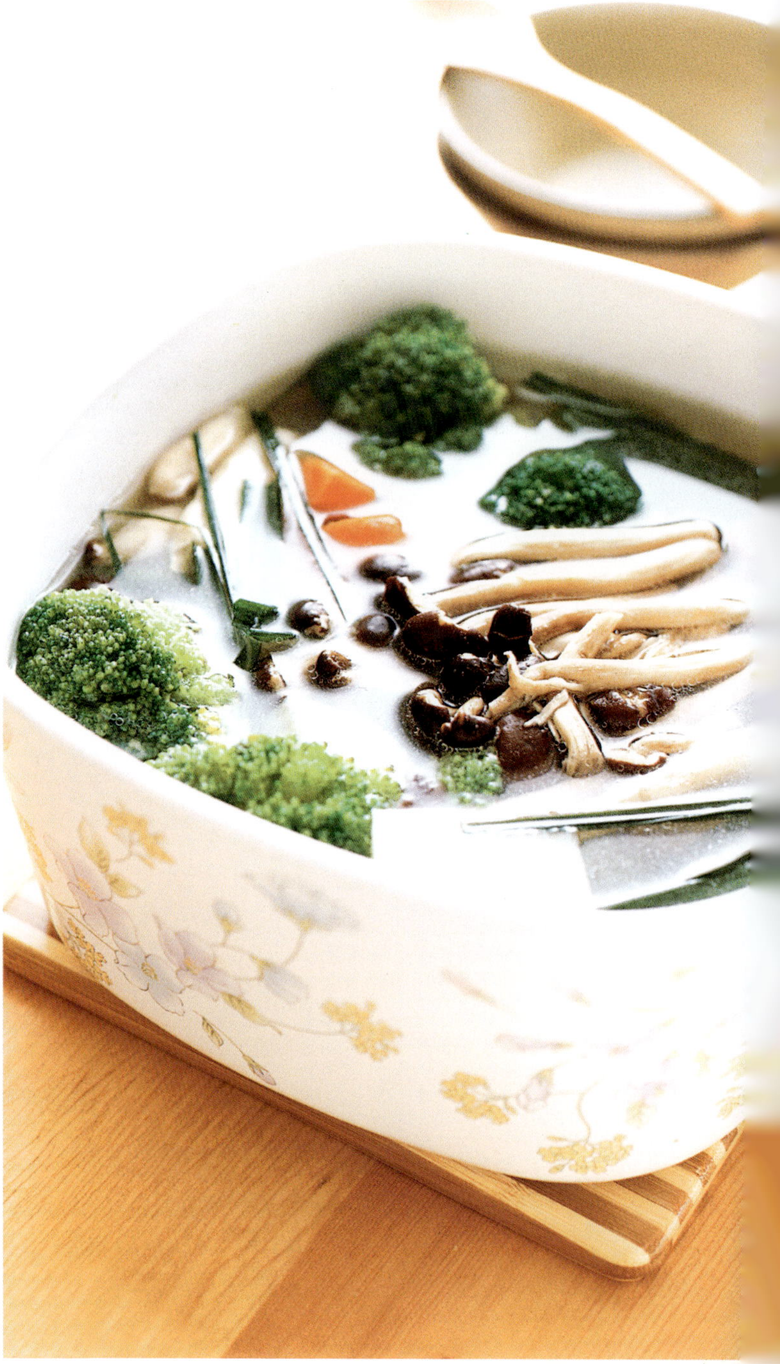

Tip

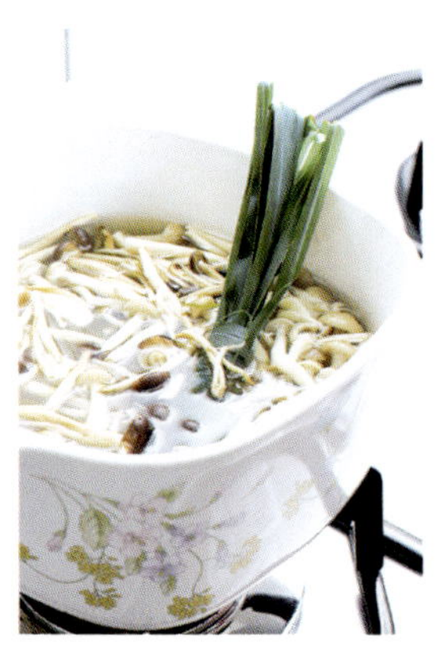

1. 만약 채식주의자라면 갈비 대신 미역을 넣어도 된다.
2. 갈비가 없으면 닭고기로 대체해도 무방하다.

레몬그라스 야채밥

퓨전식의 허브 야채밥이며, 찜밥으로도 변형이 가능하다. 카레, 삶은 소고기 등과 함께 먹으면 훌륭하다.

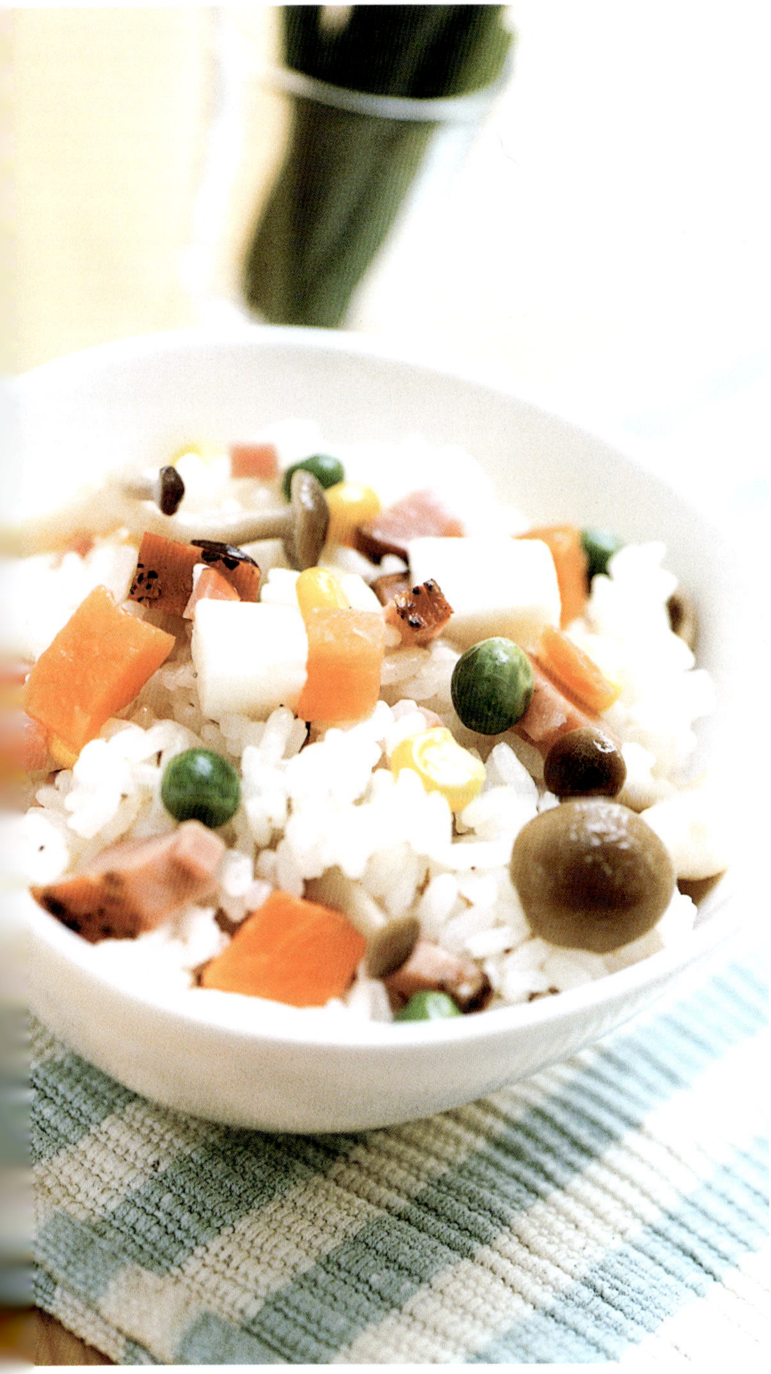

재　　료 | 신선한 레몬그라스 잎 10장, 쌀, 참마, 햄, 버섯, 냉동 야채 약간

만드는 법 | 01. 냄비에 물을 넣고 끓인 다음에 준비한 레몬그라스의 절반을 넣는다. 물이 끓어 향기가 배어나오면 불을 끈다.

02. 잘 씻은 쌀을 레몬그라스 물에 넣고(물의 양은 일반 밥 지을 때와 동일), 나머지 1/4의 레몬그라스를 약 1cm 길이로 자른 다음 쌀과 함께 넣어 밥을 짓는다. 밥이 다 되면 레몬그라스 잎을 꺼낸다.

03. 남은 1/4의 레몬그라스에 물을 넣고 끓인 다음 버섯, 냉동 야채를 넣어 익힌다.

04. 참마, 햄을 깍둑썰기를 하고 밥에 넣어 섞은 다음, 3번 재료를 같이 넣어 버무리면 완성된다.

버섯

햄

삼색 야채

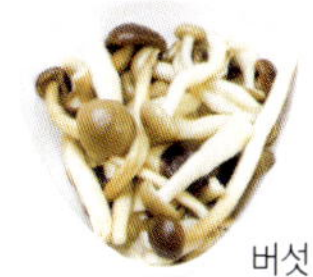

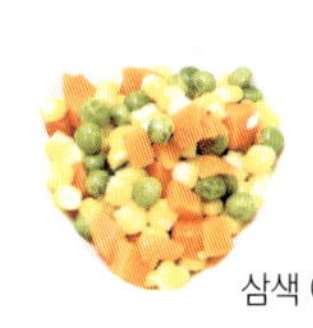

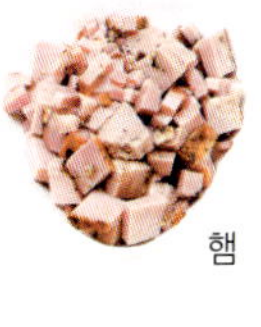

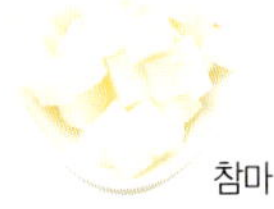

참마

라벤더 만두

만두피도 새로운 스타일로 변신할 수 있다. 잘 익은 만두 표면에는 자잘한 허브 잎이 박혀있어 입맛을 더욱 돋운다.

재 료 | A. 신선한 라벤더 잎 100~120g, 중력분 적당량, 계란 4개, 올리브유 약간, 물 250cc 정도

B. 양배추, 돼지고기 간 것, 소금, 마늘, 간장 약간

만드는 법 | **01. 만두피**

신선한 라벤더 잎(잘게 썰 필요 없이 수차례 누르고, 밀고, 반죽하는 과정을 거치며 자연스럽게 잘게 부서져 반죽과 섞이게 된다)과 중력분, 계란, 약간의 올리브유 등을 섞어 천천히 반죽한다. 반죽이 끝나면 작은 조각으로 떼어놓고, 다시 압축기에 넣어 밀어주면 만두피가 준비된다.

02. 만두소

양배추를 채 썰고, 약간의 소금을 뿌린 다음, 여분의 수분은 짜준다. 여기에 돼지고기 간 것과 마늘, 약간의 간장을 넣어 골고루 섞고 소금으로 간을 맞춘다.

03. 만두 만들기

만두피에 소를 넣어 싼 다음 바로 삶아 먹어도 되고, 냉동하여 나중에 먹어도 된다. 간장, 허브 올리브유(만드는 법은 p.84를 참고), 약간의 식초, 마늘을 넣어 만든 허브 소스에 찍어 먹으면 훌륭하다.

로즈마리 국수면

면에 허브를 넣으면 씹을 때 입안에 퍼지는 허브 향이 각종 소스와 환상적으로 어울린다.

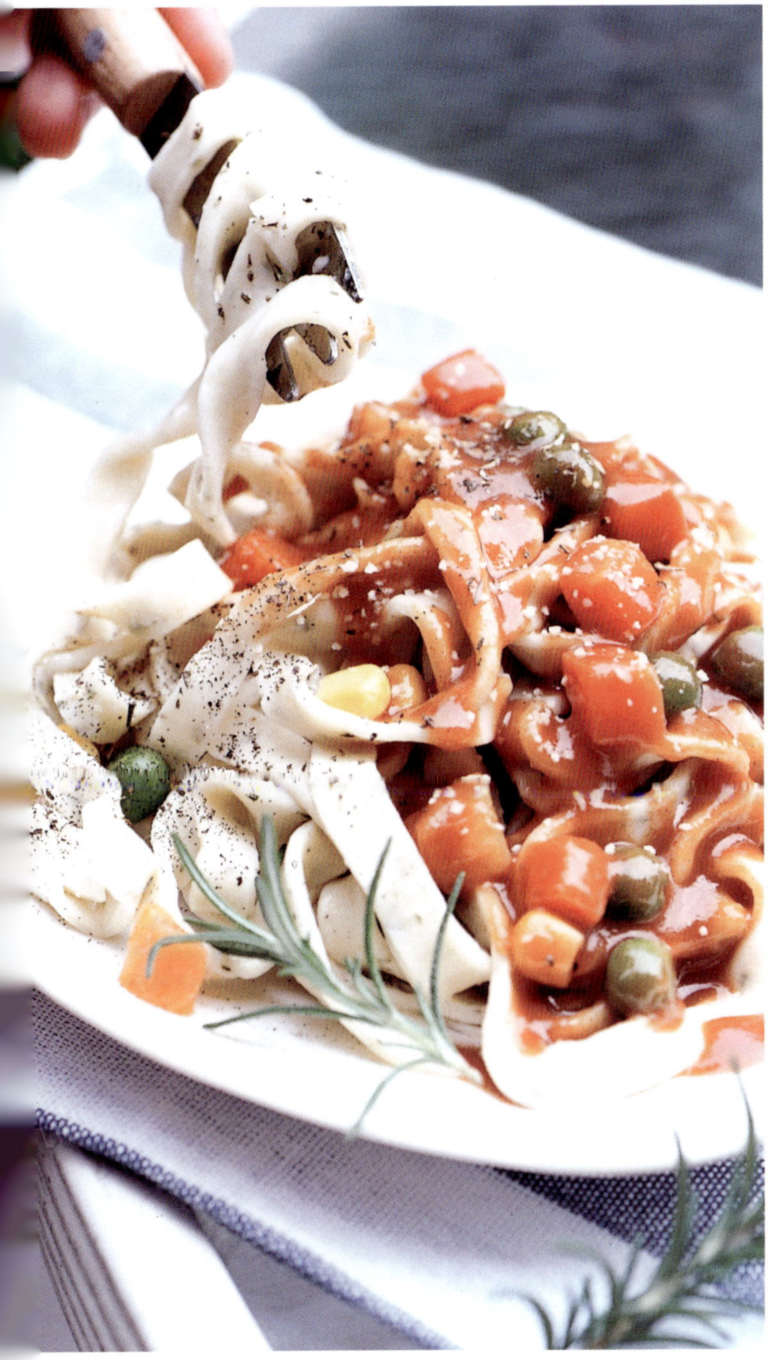

재　료 | 신선한 로즈마리 잎(줄기 제외) 100g, 중력분 1000g, 계란 4개, 올리브유 약간, 물 250cc 정도

만드는 법 | 01. 신선한 로즈마리 잎을 중력분, 계란, 약간의 올리브유와 함께 섞은 다음 물을 넣고 반죽한다.

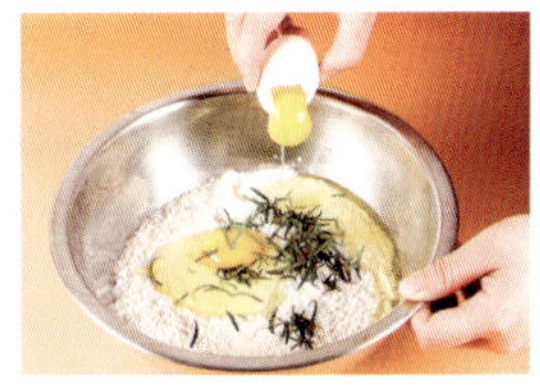

02. 반죽을 작게 나누어 밀대에 밀어준다. 물기가 있으면 그 위에 밀가루를 뿌려 다시 밀어낸다.

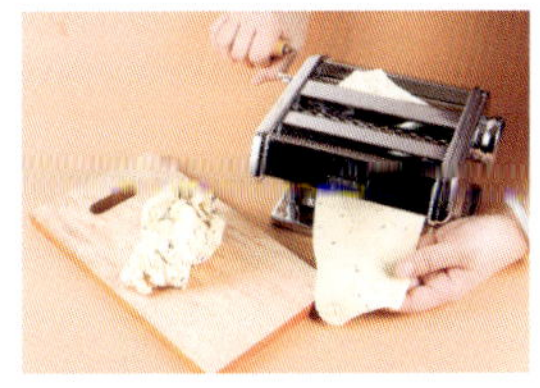

03. 기계에 넣어 국수 면을 뽑아낸다. 기계가 없다면 손으로 직접 자른다.

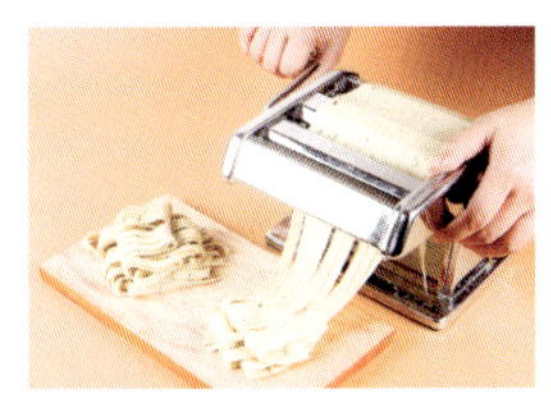

Tip

로즈마리 수타면을 이용하여 스파게티를 만들 수도 있다. 야채를 익히고, 국수를 삶은 다음 스파게티 소스를 얹기만 하면 향긋한 요리가 완성된다.

로즈마리 돼지고기

중국 남방 스타일의 돼지고기 요리에 허브로 약간 변형을 주면 훌륭한 요리가 된다.

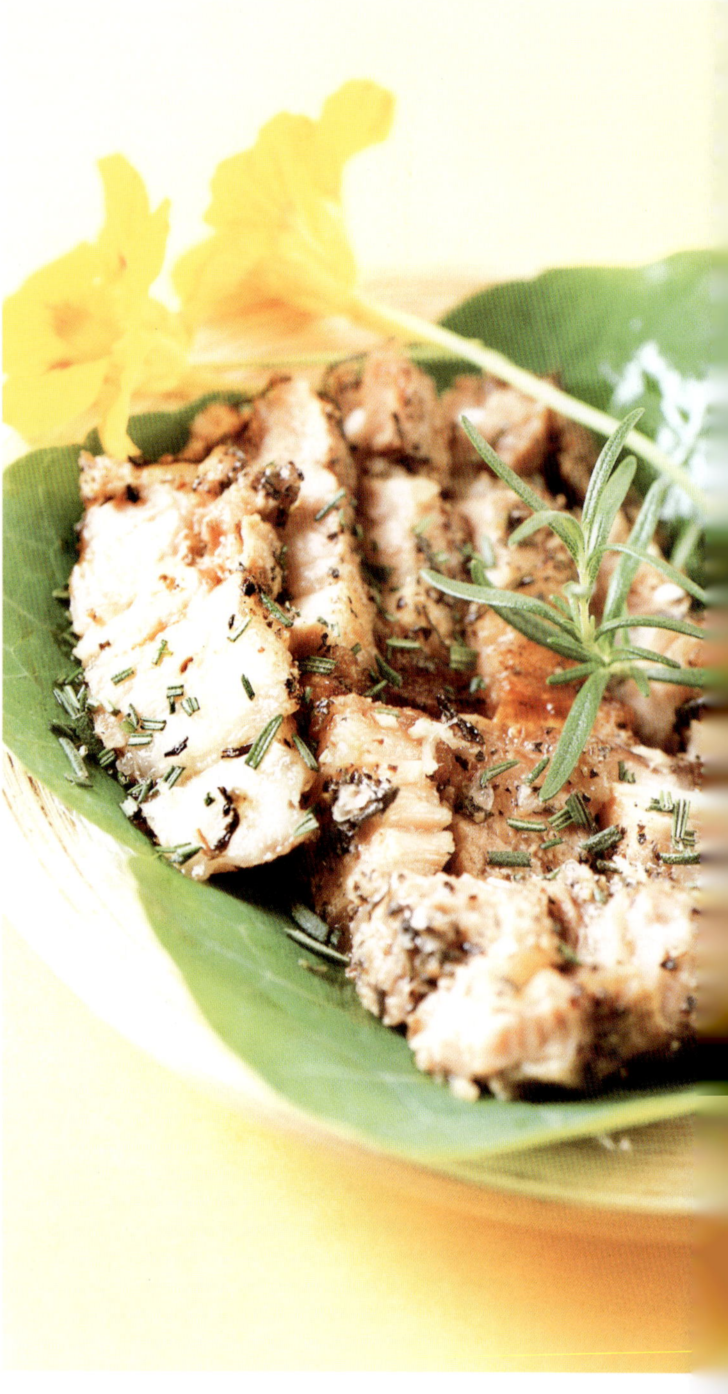

재　료 | 신선한 로즈마리, 흑돼지고기, 로즈마리 소금(만드는 법은 p.100 참고), 후추 가루, 산 후추, 곡주, 간장, 통마늘, 밀폐용기

만드는 법 | 01. 돼지고기의 앞뒷면을 칼등으로 살짝 두드린 다음에 로즈마리 소금으로 문질러 맛이 배이게 한다. 약간의 곡주, 간장을 뿌린 다음에 썰어놓은 로즈마리 잎으로 그 위를 덮는다. 마지막으로 후추, 약간의 산후추 등을 뿌리고 밀폐용기에 넣어 냉장고에 24시간 숙성시킨다.

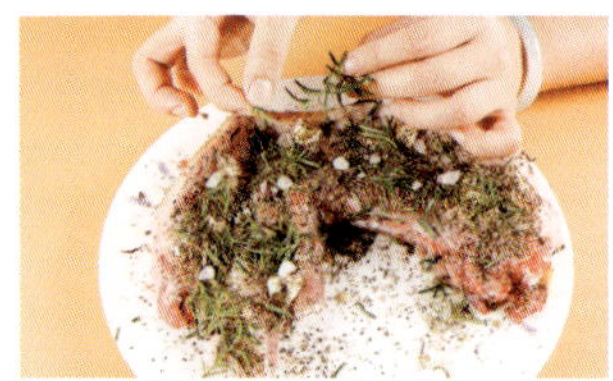

02. 숙성시킨 돼지고기를 쪄준다.

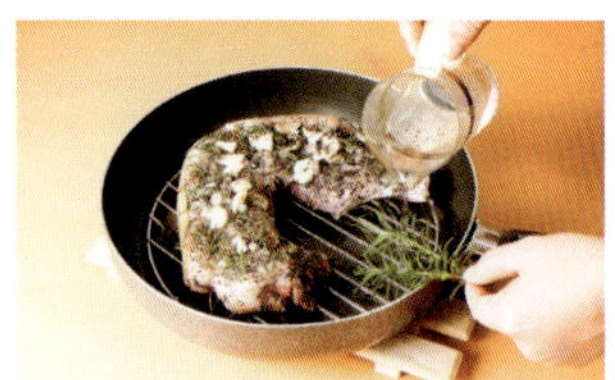

03. 다시 렌지에 넣어 껍질이 황금색이 될 때까지 굽는다. 이렇게 하면 지방을 제거할 수 있다. 완성되면 잘라서 먹으면 된다.

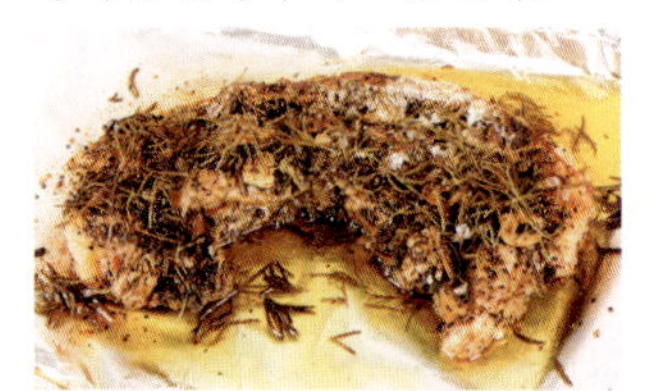

로즈마리 생선구이

로즈마리에는 비린내를 제거하는 효능이 있기 때문에 해산물과 매우 잘 어울린다. 간단하게 소금구이를 하면 비린내 없이 생선의 신선한 맛을 충분히 즐길 수 있다.

재　　료|신선한 로즈마리, 생선, 산후추, 로즈마리 소금

만드는 법|01. 신선한 생선을 깨끗이 씻은 다음 양면에 로즈마리 소금을 얇게 발라 15분 정도 숙성시킨 다음 소금을 씻어낸다.

02. 생선 양쪽에 칼집을 넣고, 배 부분과 칼집 부분에 로즈마리를 집어넣는다. 그 위에 약간의 산후추를 뿌린 다음 3시간 정도 숙성시킨다.

03. 오븐 쟁반을 준비하여 먼저 신선한 로즈마리를 깔고, 그 위에 숙성된 생선을 올려놓는다. 250℃로 예열된 오븐에 넣어 익힌 다음 꺼내서 로즈마리 잎을 털어내고 나면 바로 먹을 수 있다 (로즈마리를 굽고 나면 약간 쓴 맛이 있으므로 먹지 않는다).

우아한 웰빙 간식

현대인들은 기름, 소금, 고기 등을 피하는 대신 웰빙 요리에 관심을 둔다. 허브는 다른 인공 조미료를 넣을 필요가 없기 때문에 요리를 가볍게 만들어 준다는 점에서 환영을 받고 있다.

그렇다면 어떤 허브가 요리에 적당할까? 일반적으로 흔히 볼 수 있는 로즈마리, 라벤더, 타임, 세이지, 민트, 로즈 제라늄 등은 가장 좋은 선택이다. 웰빙 요리라고 해서 맛을 포기하지 말고 허브를 섞어 미각과 시각을 모두 만족시키는 새로운 요리를 만들어보자. 조리 시에는 기름을 적게 사용하여 완전한 허브 웰빙을 추구하는 것을 잊지 말아야 한다.

타임 참치 샌드위치

한 입 베어 물면 입안 가득 참치와 허브 향이 퍼져 저절로 입가에 미소가 번진다. 이 샌드위치와 함께라면 하루가 즐거울 것이다.

재   료 | 신선한 레몬타임, 참치 캔, 옥수수 캔, 샐러리

만드는 법 | 샐러리를 잘게 썬 다음, 참치 캔에서 기름을 빼고 그릇에 넣는다. 여기에 옥수수 캔, 샐러리, 레몬타임을 넣어 잘 섞은 다음 빵 사이에 넣는다. 삼각형으로 잘라 접시에 담으면 완성이다.

라벤더 피자

치즈 맛이 진한 피자에 허브를 약간 넣으면 덜 느끼하다.

재   료 | 신선한 스위트 라벤더 잎 6장, 프린지드 라벤더 잎 3장, 레몬 타임, 게살, 토스드, 피자 소스, 치즈, 냉동 야채, 베이컨

만드는 법 | 01. 토스트 앞뒷면에 약간의 뜨거운 물을 뿌리고, 한쪽에는 피자 소스를 얇게 바른다. 그런 다음 냉동 야채, 레몬 타임 잎 등을 뿌린다.

02. 얇게 자른 게살, 잘게 썬 스위트 라벤더 및 베이컨을 그 위에 올리고, 가장 마지막에 치즈를 올려놓는다. 중간에는 프린지드 라벤더로 장식을 한다.

03. 오븐을 200~250℃까지 예열한 다음에 피자를 넣고, 치즈가 완전히 녹아 황금색이 되면 오븐에서 꺼낸다. 굽는 동안에는 오븐의 문을 열어서는 안 된다. 그렇지 않으면 중간에 온도가 내려가 치즈가 쭈욱 늘어나는 느낌을 맛볼 수 없다.

허브 올리브유

건강 만점의 올리브유와 허브는 가장 잘 어울리는 파트너이다. 각기 다른 종류의 허브로 오일을 만들면 매일 다른 맛과 향기를 느낄 수 있다.

재   료 | 신선한 로즈마리(혹은 라벤더, 타임) 가지 몇 개, 고추, 통마늘, 올리브유(제조일자가 반년 이내인 신선한 제품), 유리병

Tip

사용기한
3개월 이내에 사용하는 것이 좋다.

허브 오일 사용 방법

1. 야채 볶음
   고추. 통마늘을 오일에 넣으면 야채를 볶을 때 고기나 통마늘을 다시 넣어서 맛을 낼 필요가 없다. 특히 양배추를 볶을 때 적합하다.
2. 소스
   각종 샐러드 소스나 물만두 소스, 국수 소스 등에 사용하면 향이 더 좋아진다.
3. 전통 참기름을 대신하여 각종 용도로 사용될 수 있다.
4. 국수를 만들 때 사용하면 좋다. 반죽 시에 사용하거나, 국수를 다 만들고 나서 간을 맞추는데 사용해도 된다. 올리브유를 반죽에 넣으면 더욱 쫄깃해지고, 맛도 좋아진다.

01. 신선한 허브를 깨끗이 씻은 다음 자연 바람으로 건조하여 준비해 둔다. 표면의 수분이 완전히 건조되어야 곰팡이가 생기지 않는다. 유리병도 잘 씻어서 말려 둔다.

02. 허브, 고추의 끝부분을 실로 잘 묶은 다음에 통마늘과 함께 병 안에 넣는다. 그런 다음에 올리브유를 천천히 넣어서 재료들이 다 잠길 수 있도록 한다. 병 안에 있는 공기가 빠져나갈 때까지 기다린 다음 밀봉한다.

03. 고온, 직사광선을 피해 실온에서 7~14일 정도 보관한다. 매일 정기적으로 한 번씩 흔들어주어 올리브유에 허브향이 골고루 잘 배이도록 한다. 7일 이후에 뚜껑을 열어 향기를 맡아본 다음에 향 농도가 괜찮다고 생각되면 허브를 꺼내서 바로 사용하면 된다.

Point

1. 곰팡이가 생기지 않도록 다음 사항을 주의하자

- 허브의 수분이 완전히 마르도록 자연 바람으로 건조시킨다. 또한 유리병의 수분도 완전히 건조시킨다.
- 허브가 완전히 올리브유에 잠기지 않으면 재료와 공기가 접촉해서 곰팡이가 발생할 수도 있다.
- 만드는 동안에 고온이나 직사광선을 피해 보관하도록 한다.
- 완성된 다음에는 반드시 허브와 통마늘, 고추 등을 꺼내도록 한다. 예쁘다고 유리병 속에 내버려두면 올리브유의 사용에 따라 재료들이 공기에 접촉하게 되어 곰팡이가 생길 수 있다.

2. 볶음 요리에 사용한다면 마늘향이 식욕을 돋울 것이다. 허브 올리브유를 샐러드드레싱이나 찍어먹는 소스로 사용하고자 한다면 만들 때 통마늘을 넣지 않도록 한다.

민트 계란말이

재　　료│신선한 애플민트 잎, 계란 1개, 파, 간장 약간

만드는 법│계란을 풀어서 흰자와 노른자를 잘 섞고 간장을 넣어 간을 맞춰준다. 여기에 잘게 썬 민트 잎, 약간의 파 등을 넣고 기름을 두른 프라이팬에 얇게 부친 후 말아내면 바로 먹을 수 있다.

민트 참마 베이컨 말이

재　　료│신선한 애플민트 잎, 베이컨, 참마, 이쑤시개

만드는 법│01. 민트 잎을 깨끗이 씻고 참마는 껍질을 벗긴 다음 가늘게 썰어준다(일반적인 감자튀김보다 작은 크기로).
02. 프라이팬에 베이컨을 굽고 반으로 자른다. 그 위에 적당량의 참마를 올려놓은 다음 돌돌 말아 준다(1/2의 베이컨으로 쌀 수 있을 정도의 참마면 된다). 마지막으로 베이컨이 겹치는 부분에 민트 잎을 올려놓고 이쑤시개로 고정하면 완성된다. 민트 향을 좋아하는 사람은 더 넣어도 된다.

Tip 참마는 섬유질이 가늘고 향이 좋으며, 그냥 먹기에도 적합하다. 만약 익혀서 먹고 싶다면 요리가 완성되기 직전에 넣어서 약간만 익혀야 아삭아삭하다.

로즈마리 감자 구이

재　　료 | 로즈마리, 감자, 햄, 치즈

만드는 법 | 01. 감자를 오븐렌지에 넣고 익힌다(젓가락으로 찔렀을 때 푹푹 들어가면 잘 익었다는 뜻이다).

01

02. 잘 익은 감자를 반으로 나눈 다음에 감자 속을 절반 정도 파낸다(껍질과 붙어있는 나머지 감자 부분은 일단 남겨둔다). 파낸 감자속을 하트 모양의 오븐용 접시에 잘게 썬 햄과 함께 넣는다.

03. 그 위에 치즈를 뿌려 예열이 된 오븐에 넣고 200~250℃로 치즈가 녹아 황금색이 될 때까지 구우면 완성된다.

02

01. 만드는 법 1에서 남겨둔 껍질 있는 감자 속은 껍질이 찢어지지 않도록 주의하도록 파낸다. 햄 조각을 그 안에 넣고 감자 속과 잘 섞은 다음에 치즈를 그 위에 뿌린다.

02. 예열된 오븐에 넣고 200~250℃로 치즈가 녹아 황금색이 될 때까지 구우면 완성된다. 껍질도 같이 먹으면 바삭바삭하고 맛있다.

로즈마리 술 계란

재　료 | 15cm 정도 길이의 신선한 로즈마리 잎 8장, 계란 12개, 붓순 열매 3개, 물 약 2컵, 소흥주 2병, 간장 1/3컵(혹은 소금 2.5 큰 스푼, 간장 대신 소금을 넣으면 술의 맛을 더 잘 느낄 수 있다), 밀폐 용기

만드는 법 | **01. 간장 소스**

붓순 열매를 냄비에 넣고 향을 낸 다음에 간장, 소흥주, 물을 넣어 끓인다. 약간 끓어오르면 로즈마리 6줄기를 넣고 완전히 끓여 로즈마리 향이 퍼지면 불을 끄고 식힌다.

02. 계란 삶는 방법

1. 계란의 약간 둥근 쪽에 뾰족한 것으로 작은 구멍을 뚫은 다음에 차가운 물이 담긴 냄비 안에 넣는다. 계란이 잠길 만큼의 물을 더 넣는다.

2. 끓이는 동안 조금씩 계속하여 계란이 섞이게 된다(원심력의 원리로 계란 노른자가 한가운데로 모이게 된다). 물이 펄펄 끓은 다음에 약 2~2.5분 정도가 지나면 불을 끈다. 계란을 바로 꺼내어 냉수에 넣고 식힌다. 물의 온도가 높아져서 계란이 떠오를 때마다 물을 계속해서 바꿔준다. 계란이 완전히 식으면 껍질을 까서 먹기에 편하도록 자른다.

03. 소금 절임 방법

1. 식혀놓은 간장 소스를 밀폐용기에 넣고 삶은 계란을 넣는다. 그 안에 2줄기의 로즈마리를 넣어 절이고, 뚜껑을 닫은 다음 냉장고에 48시간 숙성시킨다.

2. 간장 소스가 완전히 식지 않은 상태에서 절이면 쫄깃쫄깃한 씹히는 맛이 사라질 수 있다.

로즈마리 양귀비 계란

재　　료｜15cm 정도 길이의 신선한 로
즈마리 잎 8장, 계란 12개, 차
티백, 붓순 열매 3개, 물 약 4
컵, 곡주 약간, 간장 1컵, 밀폐
용기

만드는 법｜01. 붓순 열매를 냄비에 넣고
향을 낸 다음에, 간장을 넣
어 끓이면 향이 난다. 이
때 곡주, 물, 로즈마리 6줄
기와 티백을 넣고 계속 끓
인다. 끓기 시작하고 다시
1~1.5분 후에 향기가 배어
나오면 불을 끄고 식힌다.

02. 계란을 삶는 방법은 술 계란
을 만드는 방법과 동일하다.
차이는 계란을 식힌 다음
에 먼저 껍질을 벗기고, 다
시 간장 소스에 절인 다음에
48시간 냉장고에 보관하면
된다.

달콤한 허브 디저트

스테비아 잎과 민트 잎은 천연의 껌이다. 씹어보면 입안 가득 상쾌한 맛을 느낄 수 있다. 일반 껌과의 차이점은 허브 껌에는 단맛은 있지만 당분이 없다는 것이며, 풀 내음이 더 진하다는 점이다. 잘못하여 삼켰다고 해도 전혀 문제되지 않는다.

라벤더, 로즈 제라늄, 민트, 프루트 세이지, 레몬 타임 등은 향기가 좋을 뿐만 아니라 약간의 과일향도 있기 때문에 쿠키, 초콜릿, 치즈 파이를 비롯하여 꿀, 버터 등에도 사용된다. 허브를 넣으면 신선한 자연의 맛을 즐길 수 있다. 재료도 근처에서 구할 수 있어 쉽게 만들 수 있다.

라벤더 벌꿀

달콤한 벌꿀에는 원래 꽃 향기가 포함되어 있다. 여기에 라벤더를 넣으면 자연적인 달콤함이 그 맛을 더 풍부하게 만든다.

재　　료| 라벤더 꽃 말린 것 약간, 벌꿀 약간, 유리병

만드는 법| 벌꿀을 뜨거운 물에 중탕하여 녹인 다음 말린 라벤더 꽃을 넣고 2~3분 정도 휘젓고 불을 끈다. 벌꿀을 상온에서 식힌 다음에 유리병에 담고 냉장고에 넣어 보관한다. 약 2~3일이면 라벤더 벌꿀을 맛볼 수 있다.

Tip 병에 담을 때에 용기가 완전히 건조되었는지 확인한다. 만약 수분이 남아있다면 벌꿀이 부패되기 쉽다.

라벤더 초콜릿

초콜릿은 사실 매우 간단하게 만들 수 있다. 각종 허브, 견과를 넣어서 다양하게 만들어보자.

재　　료| 라벤더 꽃 말린 것, 초콜릿 바, 살구씨 조각, 초콜릿 틀

만드는 법| 01. 오븐을 100~150℃로 예열한 다음에 살구씨 조각을 오븐 쟁반에 깔고, 황금색이 될 때까지 오븐에서 굽는다.

02. 초콜릿 바를 작은 조각으로 자른 다음에 중탕으로 녹인다. 여기에 라벤더 꽃을 넣고 천천히 저어주면서 완전히 녹인다.

03. 구운 살구씨 조각을 넣고 잘 섞어준 후, 초콜릿 틀 안에 부어 넣는다. 식어서 모양이 굳어질 때까지 기다렸다가 꺼내면 완성된다.

로즈 제라늄 캐러멜

캐러멜의 달콤함과 신선한 잎의 쓴 맛이 더해지면 어떤 맛이 날까? 달콤하고 쌉싸래한, 마치 사랑과도 같은 맛이다.

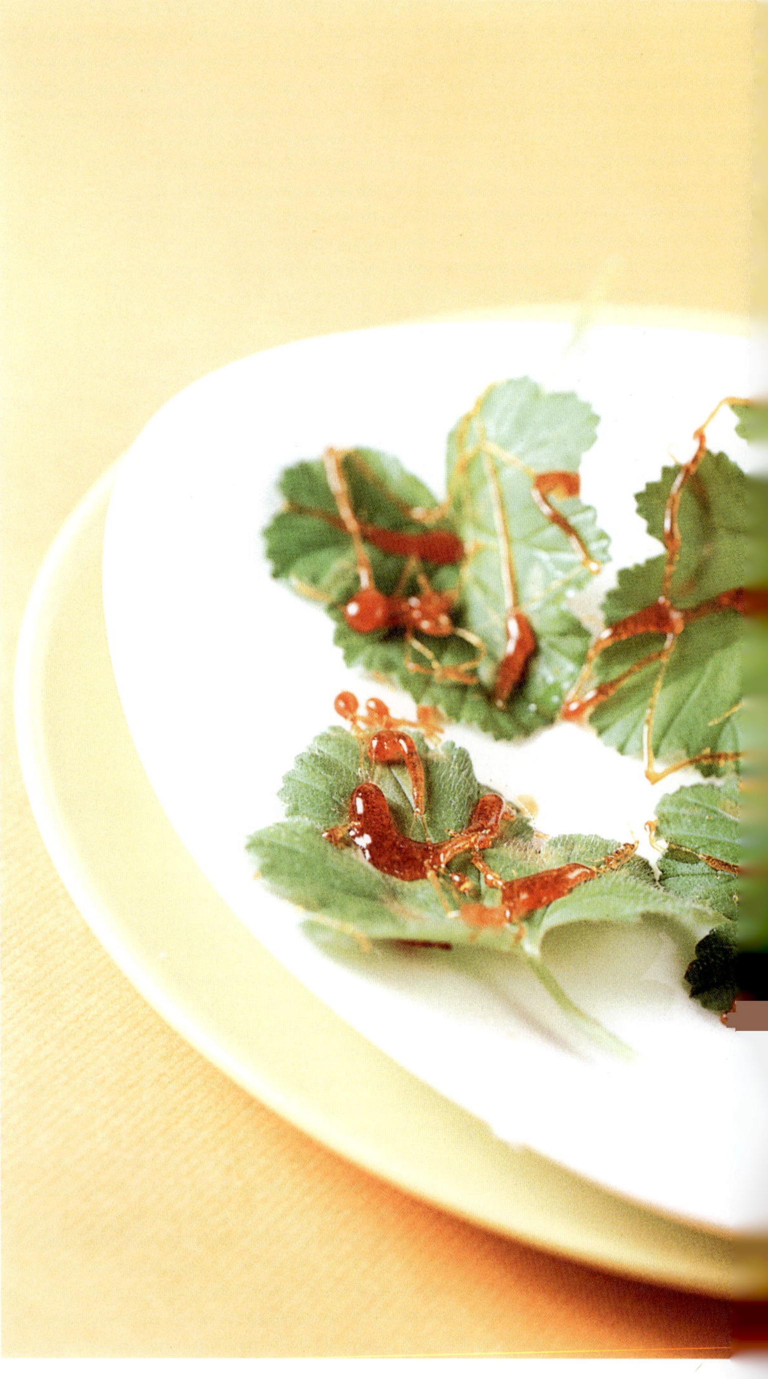

재　　료 | 신선한 로즈 제라늄(줄기까지 포함), 백설탕

만드는 법 | 01. 백설탕을 쇠로 된 냄비에 넣고 가열하면 설탕이 점차 녹는다. 이때 계속 휘저어 주면서 설탕이 커피색으로 변하며 엿기름 같아지면 불을 끈다.

03. 줄기에 달려 있는 신선한 로즈 제라늄 잎(줄기가 있어야 만들기 편리하다)을 깨끗이 씻고 수분을 말려준다. 녹인 캐러멜을 숟가락으로 떠서 각 잎 위에 뿌려준다. 식어서 딱딱해지면 완성된다.

Tip

캐러멜 온도가 100도가 넘기 때문에 반드시 식혀서 딱딱해지고 나면 먹도록 한다. 그렇지 않으면 입안이 데일 수 있다.

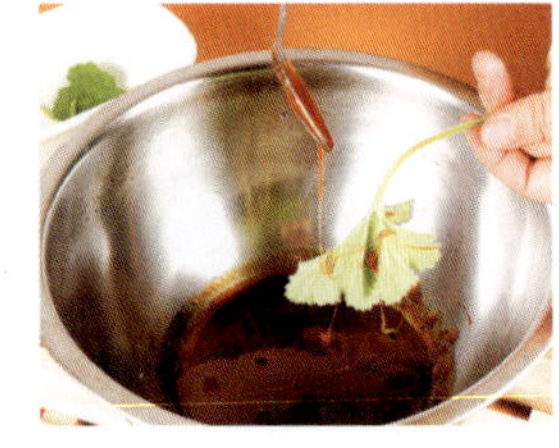

로즈마리 버터

자신이 직접 만든 허브 버터를 빵에 발라 먹으면 색다른 맛을 느낄 수 있다.

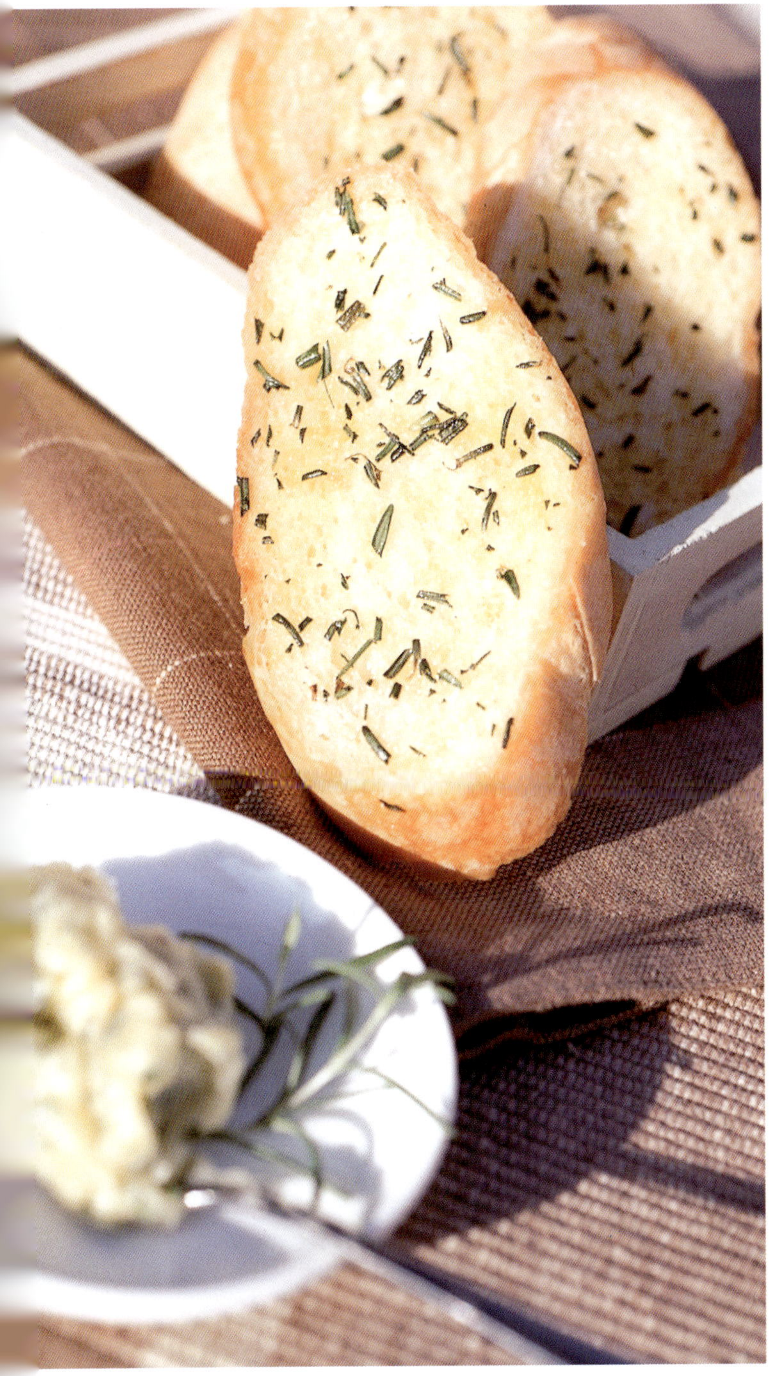

재　　료 | 신선한 로즈마리 잎 약간, 탈수 버터 1개(실온에 두어 부드럽게 만든다.)

만드는 법

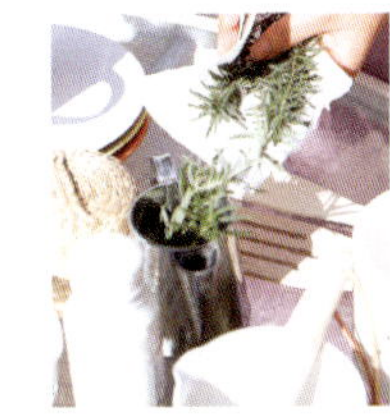

01. 신선한 로즈마리를 깨끗이 씻은 다음, 물기를 없앤다.

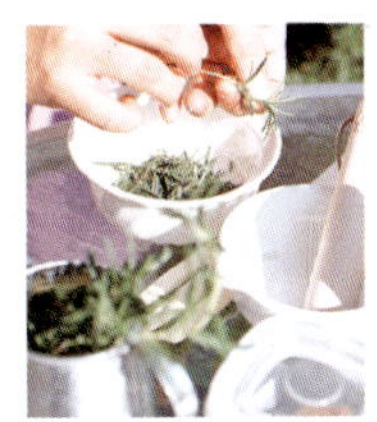

02. 잎을 뗀다.

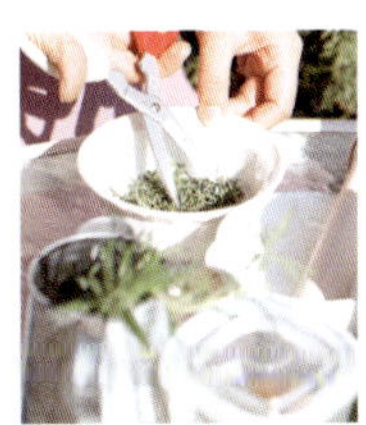

03. 가위로 잘게 자른다.

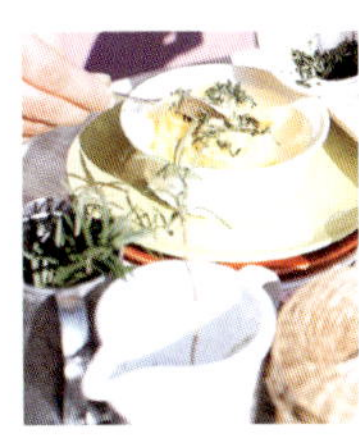

04. 탈수 버터와 함께 잘 섞는다. 냉장고에서 약 5~8일 정도 보관하여 숙성시킨다.

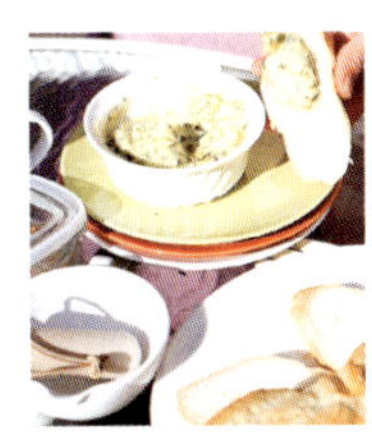

05. 빵의 앞뒷면에 뜨거운 물을 약간 뿌려준 다음에 로즈마리 버터를 오븐에 구으면 빵이 딱딱해지지도 않으면서 바삭하다.

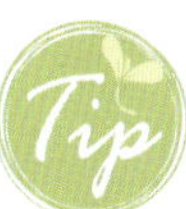

Tip 로즈마리 잎 대신 바질 잎을 넣으면 바질 버터를 만들 수 있다. 바질 버터는 수분 함량이 높아 보관이 어려우므로 만든 후 바로 사용해야 한다.

로즈마리 치즈 쿠키

제과 재료 상점에는 이미 만들어놓은 쿠키 반죽을 판매하기도 한다. 여기에 허브를 추가하기만 하면 주방에서도 쿠키 굽는 향을 맡을 수 있다.

재 료 | 신선한 로즈마리 잎, 냉동 치즈 쿠키 재료

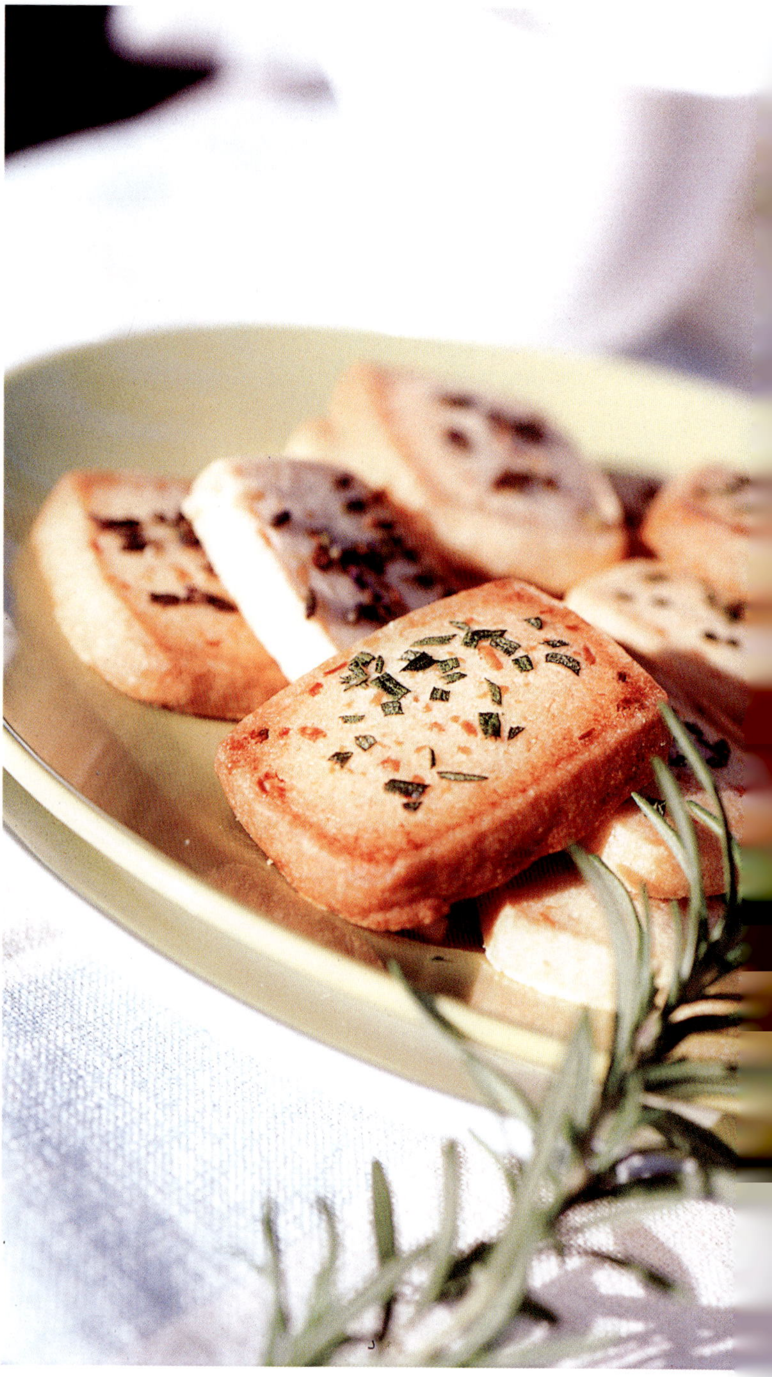

만드는 법

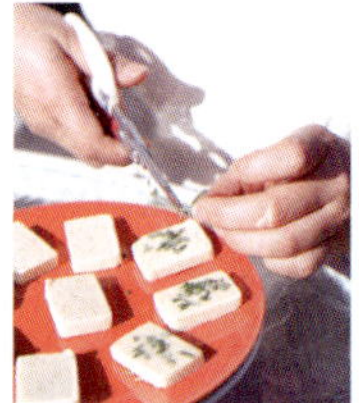

01. 신선한 로즈마리를 깨끗이 씻어 표면의 수분을 말린 다음, 잎을 잘게 자른다.

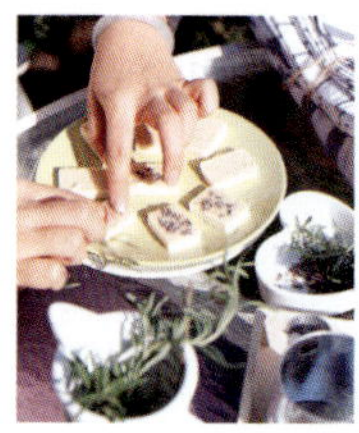

02. 치즈 쿠키 재료를 먹기 알맞은 크기로 자른 다음 허브를 그 위에 뿌리고 살짝 눌러 쿠키 위에 고정되도록 한다.

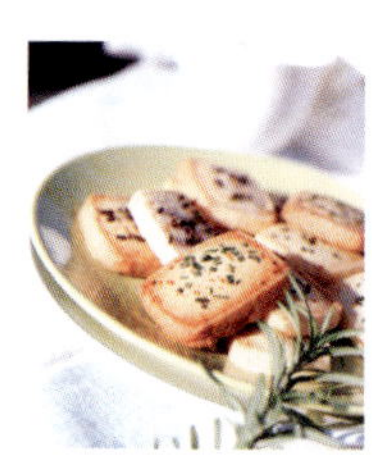

03. 오븐을 200~250℃까지 예열한 다음, 쿠키의 표면이 황금색으로 변하면 꺼내서 식힌다. 쿠키 온도가 상온까지 내려가면 바삭한 쿠키 완성!

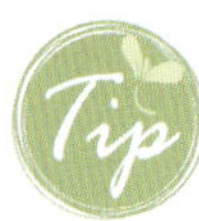

Tip

1. 로즈마리를 신선한 라벤더 잎(혹은 건조된 라벤더 꽃)으로 바꾸어 만들 수도 있다. 만약 말린 라벤더 꽃을 사용하고자 한다면 씻을 필요가 없으나, 향이 다소 강하기 때문에 양을 반드시 적게 넣어야 한다.
2. 쿠키를 만든다고 해서 반드시 반죽부터 만들어야 하는 것은 아니다. 제과 방법을 배우지 않았거나, 기구, 시간 등이 부족하다면 제과 재료 상점에서 냉동으로 만들어 놓은 쿠키 재료를 구입하면 된다. 여기에다가 각종 허브를 추가하기만 하면 쉽게 만들 수 있다.

제라늄 파이

냉동 파이피가 있으면 초보자도 쉽게 파이를 만들 수 있다. 재료를 만드는 법을 약간씩 달리하면 다양한 맛의 파이를 즐길 수 있다.

재 료 | 신선한 제라늄 잎 몇 장, 계란, 냉동 치즈 파이피, 백설탕, 솔

만드는 법 | 01. 계란 노른자만 따로 풀어준다. 약간 해동시킨 냉동 치즈 파이피 위에 노른자를 얇게 바르고 그 위에 깨끗하게 씻어 말린 로즈 제라늄 잎을 깐다.

02. 파이피를 계란말이 하듯이 말아준다.

03. 다 말고 나면 끝부분에 다시 노른자를 발라 붙여준다.

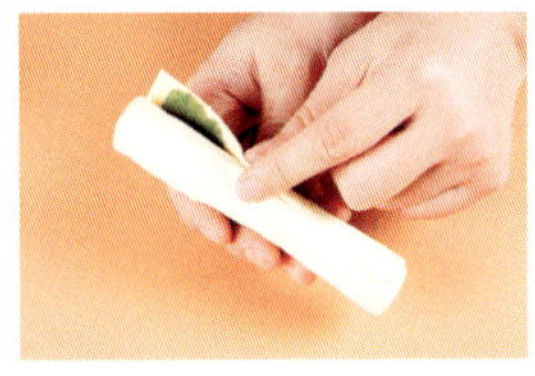

04. 1~1.2cm 크기로 자른다. 오븐을 200℃까지 예열한 다음에 파이가 부풀어 오르고 표면이 황금색으로 변하면 바로 먹을 수 있다.

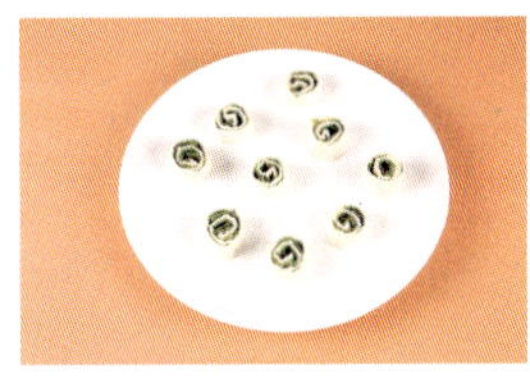

달콤한 맛의 비결

계란 흰자로 거품을 내어 로즈 제라늄 잎 뒷면에 바른 다음, 그 위에 백설탕을 다시 바른다. 그것을 노른자를 발라 놓은 치즈 파이피 위에다 올리고, 계란말이처럼 돌돌 말아준다.

Tip 같은 방법으로 허브를 세이지 잎(삼색 세이지, 골드 세이지, Bergarrten 세이지 등의 품종이 모두 가능함)으로 바꾸면 세이지 맛의 파이가 완성된다. 향기는 다르지만 이것도 아주 맛이 좋다.

로즈 제라늄 곤약

재　　료 | 물 1000cc, 구약 가루 40g, 신선한 로즈 제라늄, 스테비아, 스피어민트 약간(개인의 취향에 따라 허브를 조정하면 되고, 양은 일반적으로 차를 우리는 것보다 진할 수 있도록 넣는다.)

만드는 법 | 01. 물이 끓으면 깨끗이 씻은 신선한 로즈 제라늄과 스테비아를 넣고 약 1분 정도 끓인다. 그런 다음 민트를 넣고 바로 불을 끄고 허브 잎들을 꺼낸다.

02. 구약 가루에 뜨거운 허브차를 넣고 잘 섞는다. 그런 다음 틀에 넣고 식을 때까지 기다리면 곤약이 완성된다. 혹은 냉장고에 넣어 빨리 응고시켜도 되는데, 시원하게 해서 먹으면 더욱 맛이 있다.

레몬그라스 곤약

재　　료 | 물 1000cc, 구약 가루 40g, 신선한 레몬그라스, 스테비아, 스피어민트 약간(개인의 취향에 따라 허브를 조정하면 되고, 양은 일반적으로 차를 우릴 때보다 많이 넣는다.)

만드는 법 | 01. 물이 끓으면 깨끗이 씻은 신선한 레몬그라스를 넣고 약 2분 정도 끓인다. 향기가 나고, 물이 약간 연두색으로 변하면 스테비아를 넣고 1분 정도 끓이고, 마지막에 민트를 넣고 바로 불을 끄고 허브 잎들을 꺼낸다.

02. 구약 가루에 뜨거운 허브차를 넣고 잘 섞는다. 그런 다음 틀에 넣고 식을 때까지 기다리면 곤약이 완성된다. 혹은 직접 냉장고 안에 넣어 빨리 응고시켜도 된다.

라벤더 아이스 밀크 티

재　　료 | 라벤더 밀크 티 1000cc (만드는 방법은 p.60 참고), 구약 가루 40g

만드는 법 | 구약 가루를 뜨거운 밀크 티와 잘 섞은 다음에 틀에 넣고 실온까지 식혀 굳힌다. 혹은 냉장고에 바로 넣어도 된다. 곤약을 잘게 자른 다음에 직접 먹거나, 혹은 허브 차에 넣어 마시면 곤약 아이스티가 완성된다.

Tip '구약'의 꽃은 전 세계에서 가장 크고 가장 악취가 나는 꽃이다. 그 모양은 야생 토란과 유사하지만 크기가 몇 배나 크며, 꽃은 알로카시아와 비슷하다. 우리들이 먹는 부분은 땅에 있는 뿌리 부분인데, 껍질을 벗기고 잘라서 건조, 분쇄, 도정하면 우리가 시장에서 볼 수 있는 구약 가루가 된다.

곤약에는 글쿠코만난(Glucomannan), 수분, 식이섬유, 단백질, 칼슘, 철, 인 등이 함유되어 있다. 장운동을 촉진시켜 장 내 유독 세균과 분비물을 배출시켜 주기 때문에 위장 청소부라는 별명도 갖고 있다.

허브 아로마 테라피

유럽에서는 이미 아로마 테라피가 일상생활에서 중요한 부분으로 자리잡았다. 오일을 활용한 기술이나 복합 상품 등의 개발, 심지어는 아로마 테라피가 전통적인 의학 분야를 대체하고 있기도 하다. 허브를 정확하게 알고 사용하면 기분 전환 및 건강한 생활을 누릴 수 있다. 허브의 신선한 잎이나 추출 후의 히드로졸(Hydrosol), 오일 등은 입욕제, 샤워, SPA 마사지, 바디관리 등의 다양한 분야에 활용되고 있다. 정확한 사용법만 알면 집에서 얼마든지 체험해볼 수 있다.

만능 마사지 크림

재　　료 | 100% 라벤더 천연 추출 오일, 페퍼민트 오일, 밀랍 2~3g, 바셀린, 10g 분량의 화장품 용기

만드는 법 | 01. 바셀린을 쇠로 된 그릇에 넣고 핫플레이트에서 100℃ 이상으로 가열한다. 바셀린이 액체로 녹으면 밀랍을 넣고, 계속 저어주다가 완전히 용해되면 불을 끈다.

02. 바세린을 빈 화장품 용기에 약 80~90% 정도 차도록 넣은 다음에 라벤더 오일 한 방울, 페퍼민트 오일 한 방울을 넣고 뚜껑을 덮는다. 천천히 원을 그리듯이 크림 통을 돌리면 오일이 골고루 스며들게 된다. 식혔다가 응고되면 바로 사용이 가능하다.

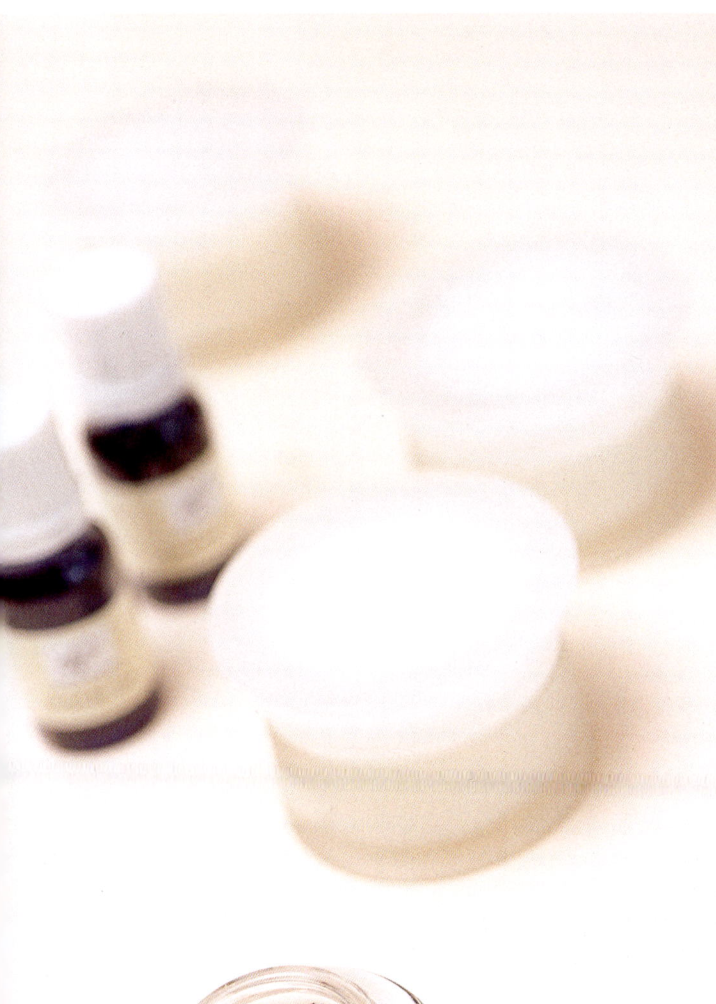

오일 특성

01 라벤더 오일

신경 계통의 균형을 잡아주며 두통, 불면증에 효과가 있다. 모기 물린데, 화상, 열상, 벤 상처, 기타 피부 염증에 살균 효과가 뛰어나다.

02 로즈 라벤더 오일

멍, 여드름, 스트레스 해소에 좋다.

03 로즈마리 오일

혈액 순환, 피부 탄력을 촉진한다.

04 티트리 오일

호흡기 장애에 적합하며, 살균 효과가 있다.

05 페퍼민트 오일

민트 잎을 증류하여 추출한 것으로 열, 두통에 모두 효과가 있다. 또한 악취 제거, 정신 집중, 향기 요법에 효과가 있고, 정신적인 피로 회복에 도움이 된다.

라벤더 목욕 소금

재　　료|신선한 라벤더 잎과 줄기 200g, 굵은 소금 1000g, 밀폐용기

만드는 법|01. 먼저 냄비를 가열한 다음, 깨끗하게 씻어 10cm 길이로 잘라 놓은 라벤더 잎과 줄기를 넣는다. 잎의 색깔이 약간 변하면 굵은 소금을 넣고 같이 볶는다.

02. 잎이 노란색, 회색으로 변색되거나 바삭바삭한 느낌이 들 때까지 볶는다.

03. 볶은 라벤더 소금을 얕은 접시에 담고 식힌다.

04. 완전히 식으면 밀폐용기에 넣어서 사용한다.

Tip

1. 허브 소금을 망사 주머니나 사용하지 않는 스타킹 안에 넣고, 뜨거운 물이 나오는 부분에 걸어 목욕물에 우러나도록 한다. 향기 가득한 욕조에 몸을 담고고 굵은 소금으로 각질을 문질러 주어도 좋다.
2. 당연히 식용이 가능하며, 허브 소금으로 자두, 매실을 절여도 맛이 좋다. 라벤더 소금은 원래 과일이 갖고 있는 떫은 맛을 없애준다. 절일 때에는 설탕, 감초 외에 건조된 라벤더 꽃을 같이 넣어주면 달콤새콤하면서도 은은한 꽃 향기를 즐길 수 있다.

로즈마리 목욕 소금

재　　료|신선한 로즈마리 잎 200g, 굵은 소금 1000g, 밀폐용기

만드는 법|01. 먼저 냄비를 가열한 다음, 깨끗하게 씻어 10cm 길이로 잘라 놓은 로즈마리 잎과 줄기를 넣는다. 약 1분간 볶은 다음에 굵은 소금을 넣고 잎이 변색되거나, 바삭바삭한 느낌이 들 때까지 볶는다.

02. 볶은 로즈마리 소금을 얕은 접시에 담고 식힌다. 완전히 식으면 밀폐용기에 넣어서 사용한다.

Tip

뜨거운 물에 넣어 목욕을 하거나, 절임용으로 사용할 수 있다. 돼지고기를 절이는 데는 로즈마리 소금이 가장 적합하다. 육질의 신선한 맛을 살려주며 상쾌한 향을 느낄 수 있다.

라벤더 향기 주머니

라벤더, 로즈마리의 향기는 악취를 제거하는데 효과가 뛰어나다. 자극적이지 않고 천연 제품이기 때문에 어디에든 잘 어울린다.

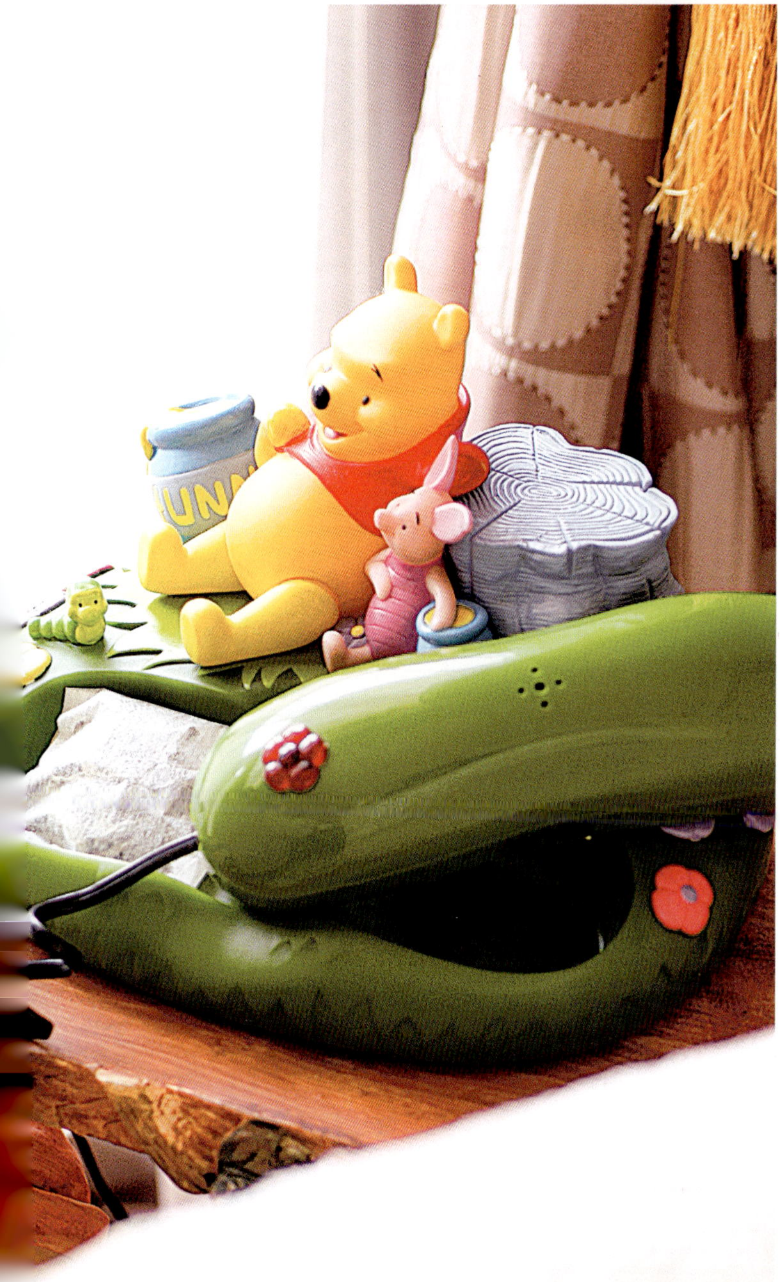

재　　료 | 라벤더(꽃이나 건조된 잎 부분), 공기가 통하는 티백 봉지, 노끈, 양면테이프

만드는 법 | 라벤더(꽃 또는 건조된 잎)를 티백 봉지에 넣고 입구에 양면테이프로 고정시킨다. 모퉁이 부분에 작은 구멍을 뚫어 노끈으로 매어주면 걸어서 사용할 수 있다.

Tip

1. 전화 수화기 아래에 두어 방향제로 사용하고자 한다면 끈을 맬 필요가 없다.
2. 판매하는 티백 봉지는 사이즈가 각각 다르므로 사용 방법이나 장소 등을 고려하여 결정하도록 한다. 허브 향이 연해지면 허브만 바꿔 넣어 다시 사용할 수 있다.

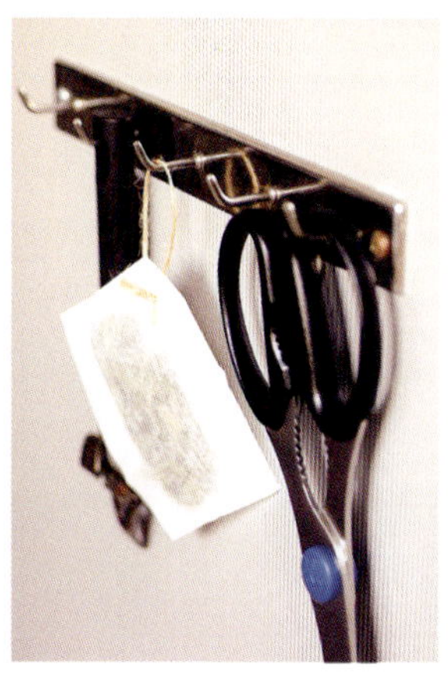

라벤더 목욕

재　　료 | 신선한 라벤더 잎(키우고 있는 라벤더의 양이 부족할 때에는 라벤더 오일 10방울 정도를 사용하면 된다)

사용방법 | 01. 신선한 라벤더 잎을 깨끗이 씻은 다음에 망사 주머니에 넣고 욕조의 물이 나오는 부분에 걸어둔다. 뜨거운 물에 라벤더가 직접 우러날 수 있도록 하며, 욕조의 물이 충분해지면 들어가서 몸을 담근다. 다이어트 효과를 원한다면 굵은 소금과 함께 사용하도록 한다.

02. 신선한 허브 대신에 오일을 사용한다면 먼저 욕조에 물을 받고 오일을 뿌린 후 잘 저어준다.

해열을 위한 마조람, 타임 목욕

재　　료 | 신선한 마조람, 타임

사용방법 | 물이 팔팔 끓으면 깨끗한 마조람과 타임을 넣어 약 1분 정도 끓인다. 욕조에 부어 냉수와 같이 온도를 맞춘 다음에 적당한 온도(목욕의 최적 온도는 약 37~42℃, 뜨거울수록 효과가 있다는 것은 잘못된 상식이다)가 되면 10분 정도 목욕한다. 이렇게 하면 해열에 도움이 된다.

티트리 족욕

재　　료 | 신선한 티트리 잎과 줄기

사용방법 | 물이 팔팔 끓으면 깨끗한 티트리를 넣고 약 1분 정도 끓인다. 욕조(또는 대야)에 부어 냉수와 같이 온도를 맞춘 다음에 적당한 온도가 되면 발을 10분 이상 담그도록 한다.

재　　료 | 매일 사용하면 어린 아이들의 경미한 무좀을 개선할 수 있으며 호흡기 장애가 있는 사람은 티트리로 목욕을 하면 도움이 된다.

마사지 오일

화학적으로 합성하여 만든 오일은 피부에 자극을 줄 수도 있다. 천연 마사지 오일을 직접 만들어 사용하면 소중한 당신의 피부가 더욱 윤택해질 것이다.

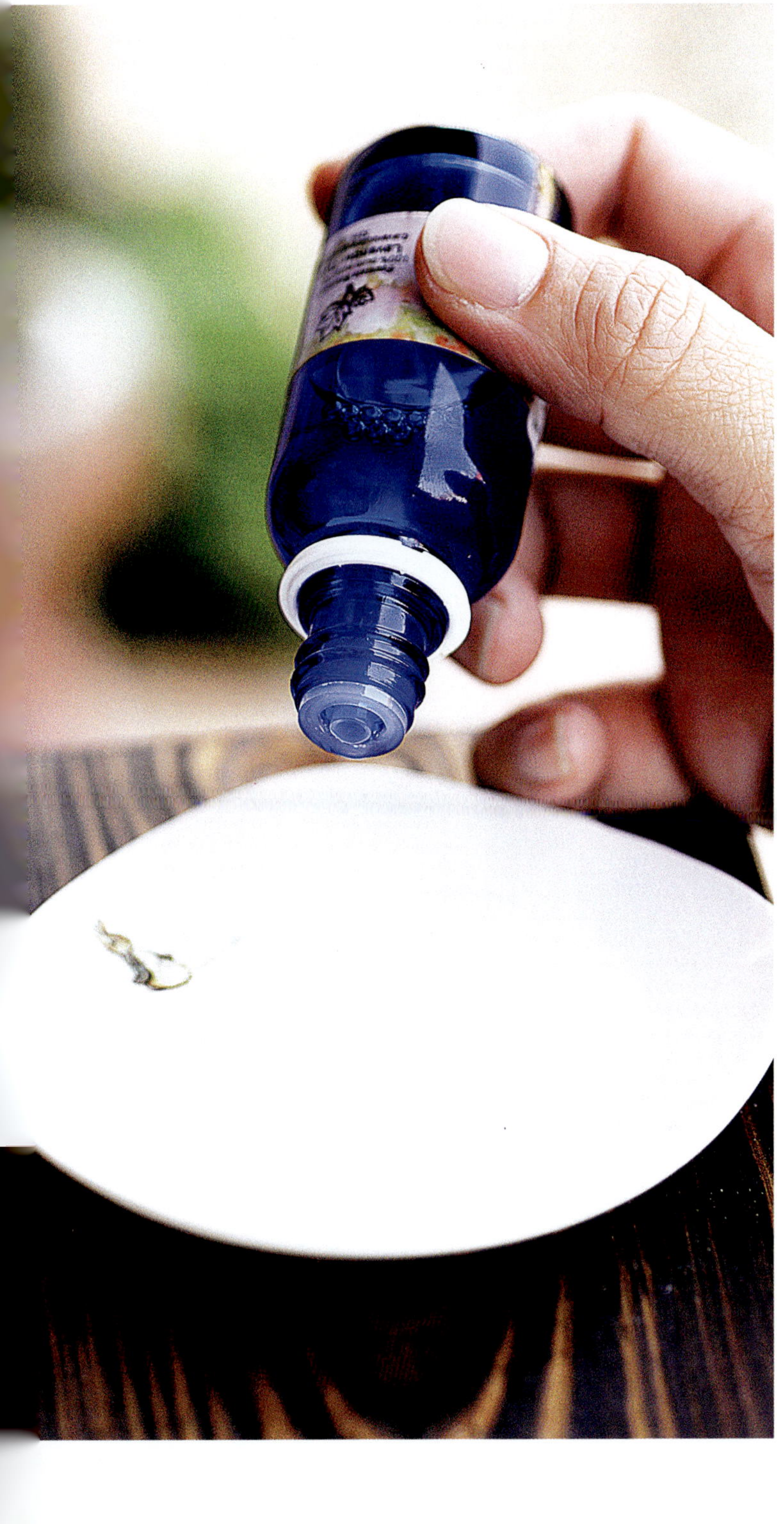

재 료 | 배아오일 40ml, 라벤더 오일 6방울, 페퍼민트 오일 3방울, 불투명한 유리병 1개

만드는 법 | 3종류의 재료를 모두 골고루 섞은 다음에 병에 담아 사용한다.

Tip

1. 유기농 허브에서 추출한 천연 오일을 사용하면 순도 높은 오일을 만들 수 있다.
2. 오일은 반드시 불투명 유리병에 넣어 직사광선이 들지 않는 서늘한 곳에 보관해야 한다. 단일 방식으로 보관하도록 하며, 복합 방식은 불안정하기 때문에 변질되기 쉽다.
2. 오일을 개봉하거나 배합하여 사용할 때에는 되도록 빨리 사용하도록 한다. 오래 두면 휘발, 변질되어 효능에 영향을 미칠 수 있다.

몸과 마음을 다스리는 허브 요법

01 숙면, 스트레스 해소(바디)
배아오일 40ml, 라벤더 오일 6방울, 페퍼민트 오일 3방울

02 머리를 상쾌하게, 모발 생장 자극
배아오일 40ml, 로즈마리 오일 6방울, 페퍼민트 오일 3방울

03 긴장 완화, 스트레스 해소(바디)
배아오일 40ml, 라벤더 오일 4방울, 페퍼민트 오일 3방울, 로즈 제라늄 오일 3방울

04 숙면, 스트레스 해소, 혈액 순환 촉진
배아오일 40ml, 라벤더 오일 5방울, 로즈마리 오일 4방울

허브 향기 가득한 집안 장식

　허브로 우아한 정원을 꾸밀 수도 있고, 창가에 두고 감상할 수도 있다. 또한 요리에 넣어 맛을 볼 수도 있으며 인테리어 장식으로도 손색이 없다. 천연 방향제의 역할을 하면서 꽃꽂이 장식 등도 가능하니, 허브는 우리의 오감(五感)을 모두 만족시켜 준다.

　허브는 향기가 좋을 뿐만 아니라, 꽃의 모양도 각양각색이기 때문에 간단한 재료, 도구 등을 이용하여 누구나 아름답게 연출할 수 있다.

로즈마리 향기 리스

직접 만든 허브 리스는 사람들에게 상쾌한 기분을 선사한다. 플라스틱 리스 대신 허브 리스를 걸어보자.

재   료 | 클리핑 로즈마리, 라피아 섬유, 장식용 작은 새, 20호 철사 2줄, 가는 동선, 녹색 테이프, 계수나무 가지

만드는 법 |

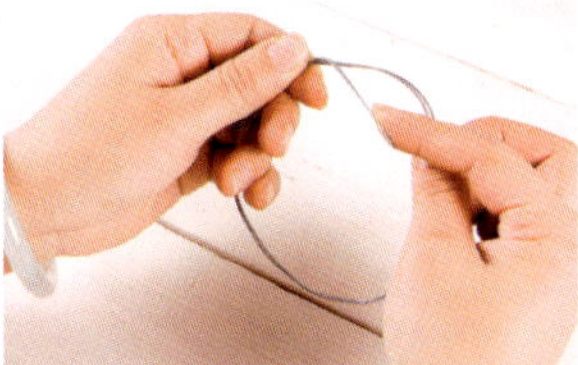

01. 두 개의 철사를 겹쳐 원형 으로 만든다.

02. 겹치는 부분을 잘 연결하고, 그 위에 미끄럽지 않도록 녹 색 테이프로 감아준다.

03. 먼저 물에 담가두었던 클리 핑 로즈마리를 길이대로 구 분한다.

04. 로즈마리를 하나하나씩 원 형 틀에 감은 다음 가는 동 선으로 고정시킨다.

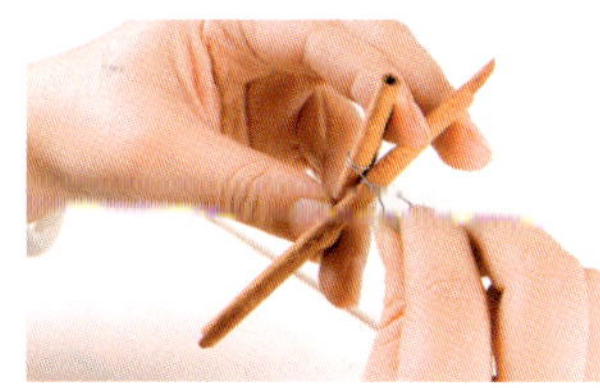

05. 계수나무 역시 철사로 고정 시켜 모양을 만든다.

06. 계수나무 가지와 원형 틀을 연결한다. 철사가 보이는 부분은 라피아 섬유를 묶고 걸 수 있도록 여유분을 남 겨둔다. 마지막으로 작은 새를 달면 재미있는 모양이 완성된다.

4종류의 미니 테이블 장식

도자기 그릇 안의 풍경

자연은 당신이 바라봐주기를 기다리고 있다. 생활 속에서도 허브를 느낄 수 있도록 허브 꽃꽂이를 만들어 보자.

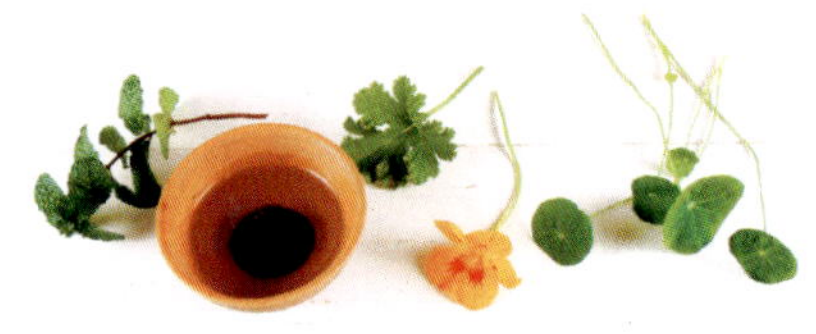

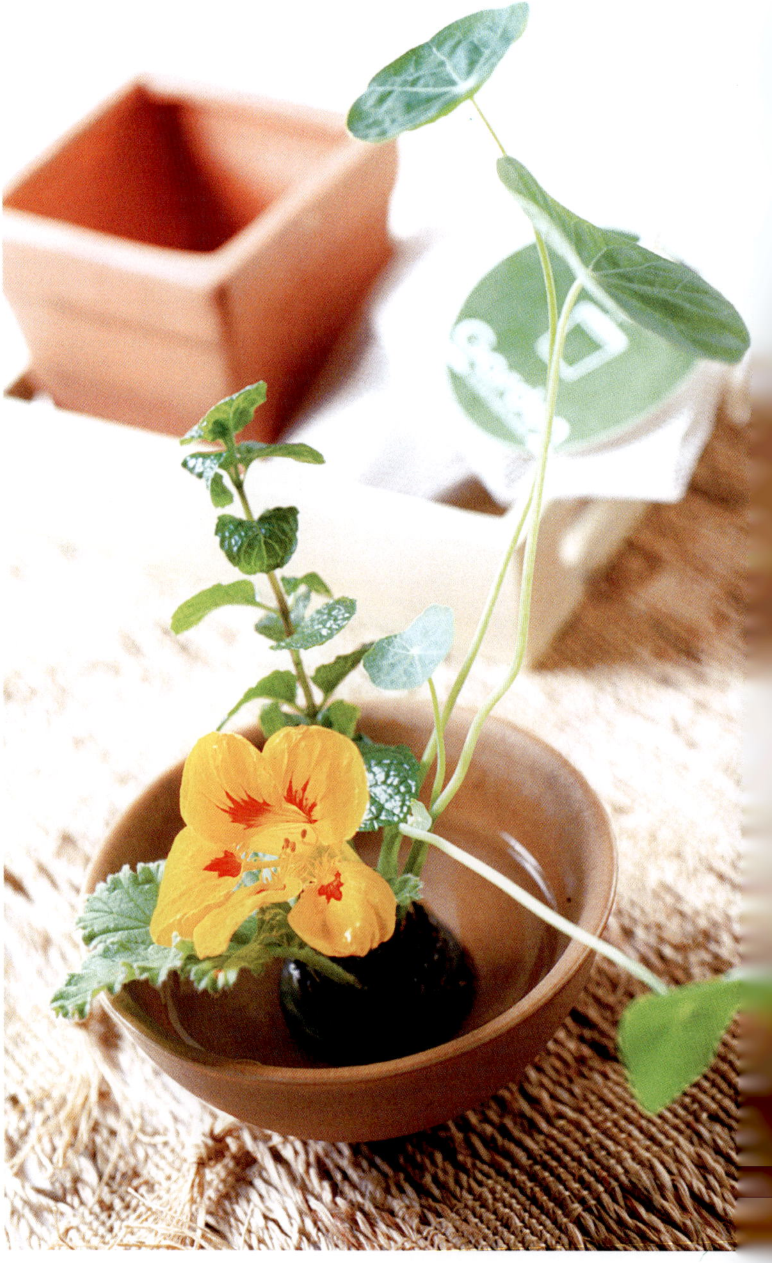

재　　료 | 한련화, 로즈 제라늄, 민트, 도자기 그릇, 침봉

만드는 법 |

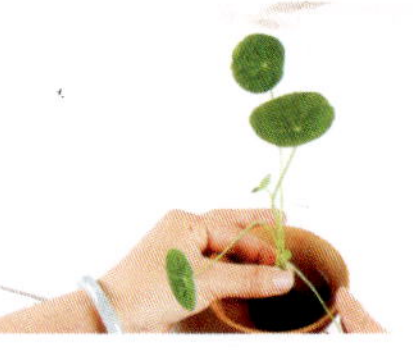

01. 침봉의 중앙에서 약간 뒤쪽에 한련화 잎을 꽂는다.

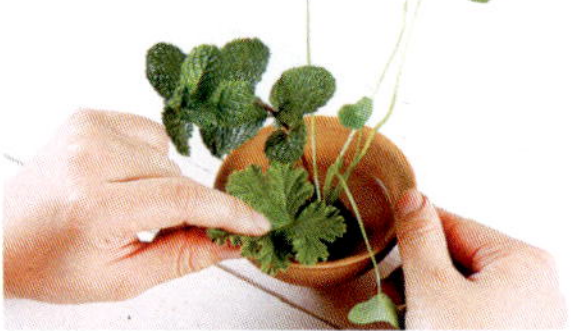

02. 그 다음 민트를 꽂고, 아래쪽의 도자기 그릇과 가까운 곳에 로즈 제라늄 잎을 꽂는다.

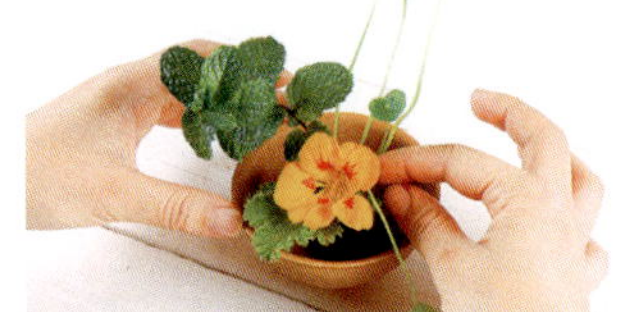

03. 마지막에 한련화 꽃송이를 꽂으면 완성!

동양의 젠 스타일

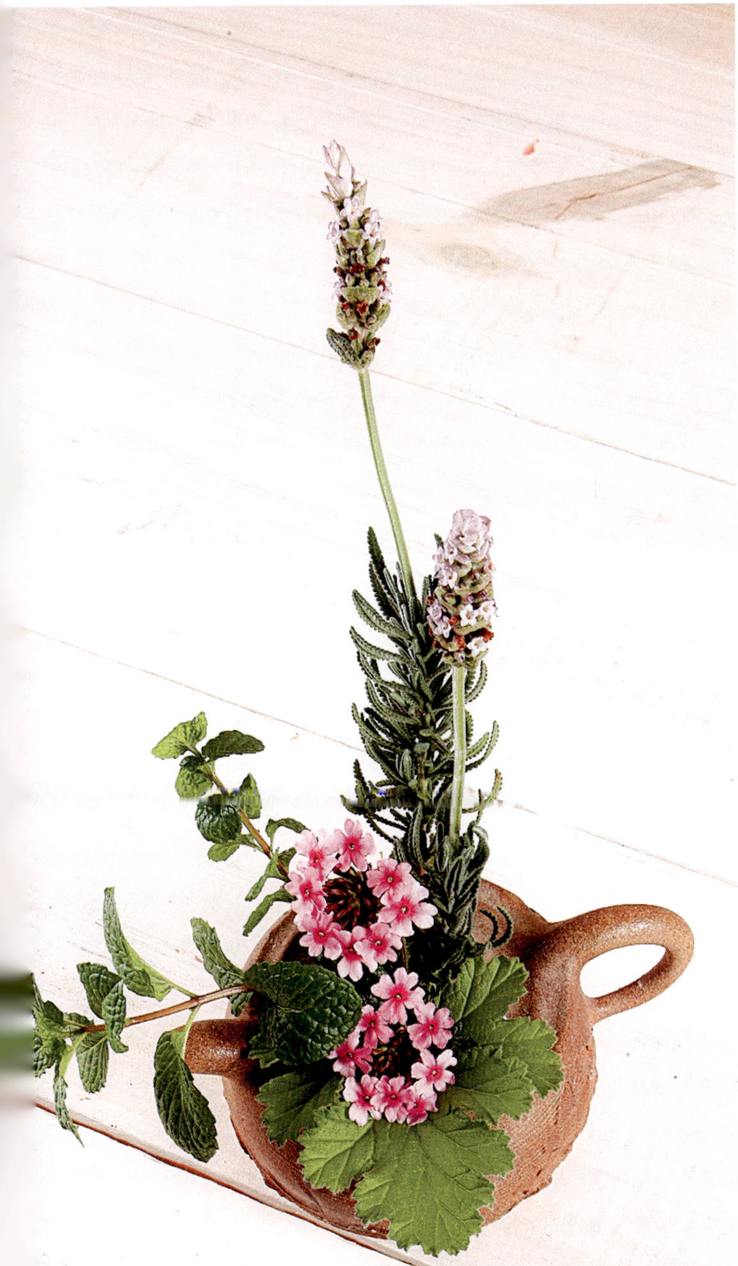

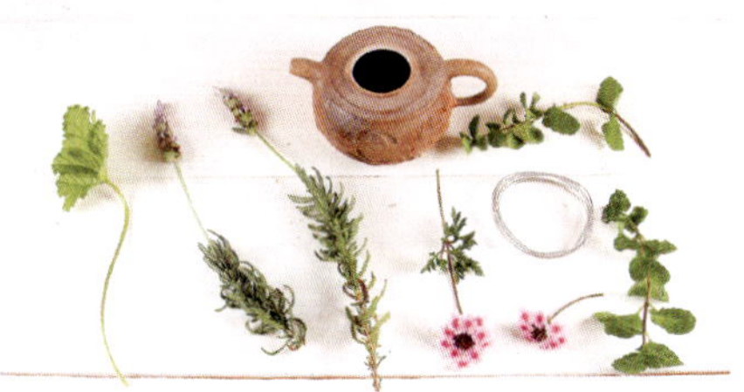

허브를 정결하고 고요한 느낌이 나도록 꽂아보자.

재　　료 | 프리지드 라벤더, 민트, 로즈 제라늄, 버베나, 알루미늄 선, 뚜껑 없는 다관

만드는 법 | 01. 먼저 알루미늄 선을 원형으로 말아 모양을 만든다.

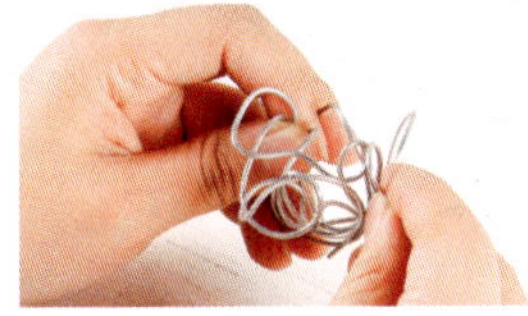

02. 알루미늄 선의 크고 작은 틈으로 재료들을 고정시킨다.

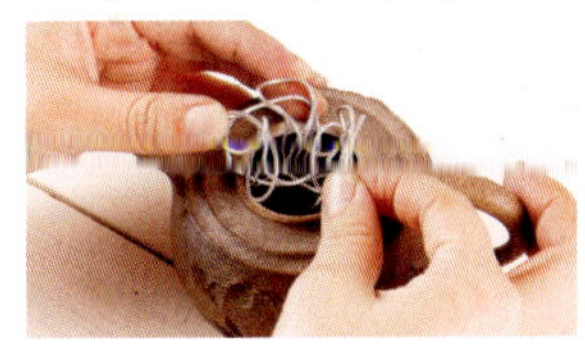

03. 꽂는 방식은 '천(天), 지(地), 인(人)'의 개념을 적용한다. 가장 키가 큰 프린지드 라벤더를 수직으로 꽂아 '천(天)'으로 삼고, 잎이 넓은 로즈 제라늄을 가로로 꽂아 '지(地)'라고 한다. 중간의 꽃이 있는 버베나를 '인(人)'으로 삼고, 민트는 조연으로 비어 보이는 곳에 비스듬하게 꽂는다.

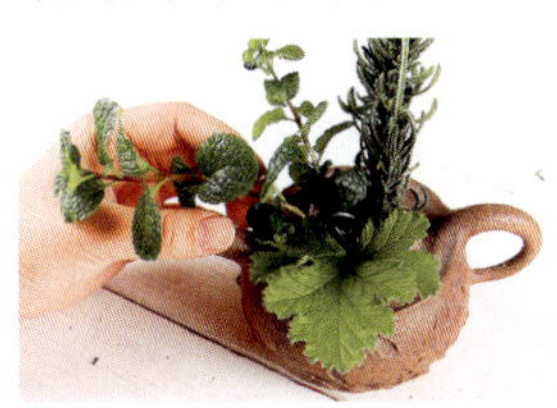

시험관을 이용한 재미있는 연출

재　　료|석무초, 타임, 라벤더 제라늄

만드는 법|3개의 시험관에 먼저 채색 돌과 물을 넣고, 각각 석무초, 타임, 제라늄을 꽂은 다음 사각으로 된 유리 용기에 담으면 완성된다.

창의적인 센터피스

특별한 재료가 없어도 집안을 잘 살펴보면 좋은 소품을 찾을 수 있다. 기존의 소품을 최대한 활용하여 창의적인 작품을 만들어보자.

재　　료 | 단풍잎, 로즈마리, 라벤더 제라늄, 조개껍질, 대나무 장식, 마사토, 유리 그릇

만드는 법

01. 유리 그릇에 마사토를 반 정도 차도록 넣는다.

02. 시험관을 마사토 중간에 임의로 꽂아 고정시킨다.

03. 대나무 장식과 조개껍질 등으로 장식한다.

04. 물에 닿는 부분의 잎을 제거하여 썩는 것을 방지한다.

05. 시험관에 물을 넣고 정원에서 잘라낸 허브 등을 꽂으면 자유분방한 스타일의 센터피스가 완성된다.

민트 수경 화분

재　　료 | 스피어민트, 가운데가 붉은 흰색 호접란, 유리화기, 울타리 형 꽃꽂이

만드는 법 | 울타리 형 꽂이를 유리화기 위에 올려놓고 물을 꽂이의 절반 높이까지 채운다. 정원에서 잘라낸 스피어민트를 15분 정도 물에 담가뒀다가 꽂이에 꽂는다. 이때 민트의 아랫부분이 물속에 잠길 수 있도록 하고, 마지막으로 호접란으로 장식하면 독특한 센터피스가 완성된다.

허브 풍경

재　　료 | 황금 호접란, 클리핑 로즈마리, 자이언트 라벤더, 티트리, 한련화, 애플 민트, 노끈, 대나무 삼태기, 작은 유리병

만드는 법 | 01. 노끈으로 병 입구를 묶은 다음 대나무 삼태기를 둘러 병을 고정시킨다.
02. 천장에 긴 노끈을 매달고 벽면을 재미있게 장식한다.
03. 정원에서 잘라온 허브(물에 담가놓았던 것)를 물이 담긴 병에 넣으면 완성된다.

예쁜 허브 화분 걸이

재　　료│골드 세이지, 클리핑 로즈마리, 자이언트 라벤더, 보라꽃 바질, 레몬 타임, 노끈, 대나무 삼태기, 작은 유리병

만드는 법│노끈으로 병 입구를 묶은 다음 대나무 삼태기를 둘러 병을 고정시킨다. 삼태기 끝에 노끈을 길게 매달아 주방 곳곳에 걸 수 있도록 한다. 걸 때에는 높이를 다르게 하여 동적인 느낌이 들도록 재미있게 배치하고 정원에서 갓 따온 허브나 요리 재료를 유리병에 꽂으면 완성된다.

지중해 스타일 벽장식

재　　료│일반 사각형 바구니(망으로 된 것), 22호 철사 2개, 크고 작은 시험관 5개, 호접란, 티트리, 애플 민트, 한련화, 라벤더 제라늄, 레몬 바질, 남색 수채물감, 사포, 투명 페인트

만드는 법│01. 사각형 바구니에 남색 수채물감을 불균일하게 바른 다음, 사포를 부분적으로 문질러서 오래된 듯한 느낌이 나도록 한다. 그 위에 투명 페인트를 뿌려 색깔이 날아가지 않도록 한다.

02. 나무 바구니가 평행이 될 수 있는 곳을 찾아 22호 철사로 걸쇠를 만들어 건다. 시험관은 망을 조금 잘라 그 사이에 비대칭적으로 고정하고 물을 부어 계절에 맞는 허브를 꽂으면 완성된다.

민트 향이 가득한 허브 꽃다발

꽃다발은 반드시 비싸고 희귀한 재료만 사용해야 하는 것은 아니다. 향기를 유지하기 위해 향수를 쓸 필요도 없다. 정원을 거닐면서 오늘의 파트너를 찾아보도록 하자.

재   료│단풍잎, 로즈마리, 라벤더 제라늄, 조개껍질,
          대나무 장식, 마사토, 유리 그릇

만드는 법│

01. 꽃다발은 오래 지속될 수 있어야 하기 때문에 꽃다발을 만들 때에는 다소 튼튼하고, 줄기가 단단한 부분을 선택한다.

02. 수분이 비교적 많이 필요한 민트는 일단 자르고 나면 물을 뿌려 수분 증발로 인해 시드는 것을 방지하도록 한다.

03. 물에 담가두면 민트는 더 많은 수분을 흡수할 수 있다.

04. 프리지어, 라벤더, 민트를 한데 모아 끈을 살짝 묶는다. 약간 둥근 모양이 되도록 모양을 잡아주면서 다시 끈을 매어 고정한다.

05. 모양을 잡아준 다음에 줄기를 가지런하게 자르고, 아래쪽에 있는 잎들을 제거하여 잎들이 썩는 것을 예방한다. 습기를 유지하기 위해 투명 포장지를 사용하며, 아래쪽에는 화장지를 두어 습도가 유지될 수 있도록 돕는다.

06. 바깥쪽은 두 종류의 포장 종이로 예쁘게 감싼다.

07. 라피아 섬유와 마로 묶어 완성한다.

08. 마지막에 물을 뿌려 수분을 제공하는 것을 잊지 말자.

Part 04

Living with Herb

허브를 만나요

허브는 한국에서 자라는 토종 식물이 아니므로 시장에서 구입을 해야만 한다.

양재꽃시장, 강남고속터미널 지하상가, 고양 꽃도매시장에서 다양한 허브를 만날 수 있고 재배시에 필요한 원예 용품과 라이프스타일에 응용할 소품을 함께 찾아보자.

사시사철 허브의 향이 가득

허브와 친해진다는 것은 어려운 일이 아니다. 창가에 화분 하나, 또는 베란다나 정원에 심어 놓고 감상하고 행복을 느끼면 되는 것이다.

국내에는 허브를 전문적으로 취급하는 상점을 찾기란 쉽지 않다. 허브농장을 방문할 수도 있겠지만, 처음에는 가벼운 마음으로 다양한 품종의 허브와 화분을 저렴한 가격으로 구입할 수 있는 곳을 살펴보자. 또 허브의 매력을 좀 더 느끼고 싶다면 허브와 함께 어울릴 수 있는 식기나 아기자기한 소품도 둘러보자.

http://www.yfmc.co.kr 양재꽃시장

양재꽃시장의 가동과 나동에서 분화를 판매하고 있다. 상점이 밀집해 있는 이곳에서 허브를 전문적으로 판매하는 상점을 찾으면 화분과 함께 영양제와 흙 등을 한번에 구입할 수 있다.

생화도매시장에서는 세련된 소품과 허브에 어울리는 화분, 그리고 절화 등을 구입할 수 있다.

지하철 _ 3호선 양재역 7번 출구로 나온 후 버스 이용
버 스 _ 성남, 과천방향 버스승차 후 양재동 꽃시장에서 하차

분화 온실 _ 동양란, 서양란, 관엽식물, 소품, 선인장, 허브 등 판매
         일 ~ 토 (주7일), 오전 7시 ~ 저녁 7시

자재 점포 _ 화병, 화분, 비료 등 기타 모든 자재 판매
         일 ~ 토 (주7일), 오전 7시 ~ 저녁 7시

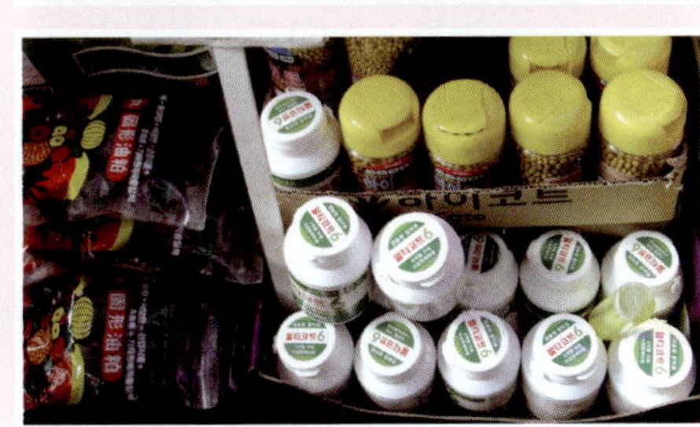

고속터미널 지하상가

허브와 소품을 함께 구매하려면 지하철 3호선의 고속터미널 지하상가도 좋다. 허브에 어울리는 아기자기한 소품이 많아 즐겁게 쇼핑할 수 있을 것이다. 긴 복도형으로 상점이 늘어서 있으며 아로마를 전문적으로 취급하는 상점과 식기, 원예용품, 조화, 생화를 저렴하게 구입할 수 있다.

고양꽃도매시장

원당역 3번출구로 나가면 전철과 바로 맞닿아 있어서 교통이 매우 편리하다.

오전 7시부터 저녁 7시까지 판매하고 있으며 허브, 분재, 다육식물 등 계절을 잊은 화초들을 판매하고 있다.

비교적 한산해서 전문가들의 친절한 설명과 함께 꼼꼼하게 둘러볼 수 있어 초보자라도 쉽게 허브를 고를 수 있을 것이다.

Living With Herb

허브와 함께하는 즐거운 시간

Do It Yourself

허브와
함께하는
즐거운 시간

Living With Herb

Living With Herb